日蓮の真筆文書をよむ

小林正博

第三文明社

はじめに

日蓮直筆の著述・消息類は、紙数にしておよそ二千七百枚が現存しています。鎌倉時代に書かれた文書《もんじょ》が、これほど多く今に伝えられていることは、まさに驚異的といえるでしょう。

日蓮文書集は、昭和二十七年（一九五二年）に身延《みのぶ》版の『昭和定本 日蓮聖人遺文《いぶん》』と創価学会版の『日蓮大聖人御書全集』が発刊されたことにより、広く、多くの人々に読み継がれるようになりました。両書は最も普及している日蓮文書集ですが、刊行の昭和二十七年以降、新たに発見された真筆《しんぴつ》も少なくなく、増補する必要があります。特に『日蓮大聖人御書全集』は、未収録の真筆現存文書が多数あり、その増補版の発刊が期待されています。

本書刊行の目的の一つはここにあります。もう一つの目的は、『昭和定本 日蓮聖人遺文』の解読の誤りを指摘することにあります。真筆の一字一字と照らし合わせながら解読していった結果、多くの誤読があることがわかり、本書を通して解読の是正案を提示することにしました。

本書は既刊の『日蓮大聖人の「御書」をよむ 上 法門編』と『日蓮大聖人の「御書」をよむ 下 消息編』（いずれも一九九六年 第三文明社発行）の続刊とも位置づけられます。上下巻は『日蓮大聖人御書全集』四百二十六編の要約・解説を載せましたが、本書は『御書全集』未収録の日蓮の真筆とそれに準ずる現存の文書（以下、御書と呼ぶ）の本文と解説を収めています。

一九七六年から三年間にわたって法蔵館から出版された『日蓮聖人真蹟《しんせき》集成』（全九巻）によって、現存する日蓮の真筆のほぼ全容が公開されました。これには『日蓮大聖人御書全集』に収録されていない御書が四十八編あります。さらに、わずかの本文しか伝わらない三百九十一片の断簡《だんかん》がありますが、そのうち収録されているのは十片しかありません。

本書では、その中から内容的に有意義な四十三編の御書と四十五片の断簡を収録しました。さらに図録《ずろく》四編、奥書《おくがき》二編、『真蹟集成』にも未収録の新発見の真筆、直弟子写本など八編も収録しています。断簡は同一御書としてつなげたものがありますので、本書での収録は全部で八十編になります。なお、掲載の順番は、御書（断簡）、図録、奥書それぞれについて、本書で推定した述作年代の古い順に配列しています。

本書の特徴は、御書本文を真筆の原文どおりに表記したことです。改行や日付・花押《かおう》・宛名の位置など原文そのままの形で掲載してあります。原則として和文体は真筆に書かれたとおりに解読し、漢文体は読み下しています。また、読みやすいように振り仮名（かなルビ・漢字ルビ）を多く振りました。

『昭和定本 日蓮聖人遺文』（昭定と略す）の本文と真筆との相違箇所については、本文行下に「昭定表現→改訂表現」で示しています。その意味で、本書は学術的な趣《おもむき》を維持しながら編集した研究書という一面もあります。したがって、大聖人という尊称で記さず、日蓮と表記しています。

なお、本書では、御書本文のあとに【述作年代】と【解説】を記しています。【述作年代】は推定した年を記していますが、決め手としては、主に真筆の字形・字体と花押の形態を基準にして、内容を吟味《ぎんみ》した上で判定しています。

【解説】は、内容の説明と内容的な意義、解読上の改正理由などを記しました。

「真筆御書集」ともいうべき本書を、ぜひ『日蓮大聖人御書全集』と合わせてご活用ください。

小林正博

二〇一四年十月

日蓮の真筆文書をよむ【目次】

装幀／志摩祐子（有限会社レゾナ）
本文レイアウト／安藤　聡

《凡例》

「**題号**」

『昭和定本　日蓮聖人遺文』（立正大学日蓮教学研究所編　二〇〇〇年改訂版　以下「昭定」と記す）の題号に準ずる。断簡は「昭定」の断簡番号を記し、内容の中心テーマを採って「〇〇の事」、宛先が明確な場合は檀越の名を題号とした。

「**御書の本文**」

・原則、真筆の原文どおり表記している。本文の改行、日付・花押・宛名も同様にした。汚れ・摩耗等で解読不能の場合は、□とし、推測して読んだ場合は□の右に示した。
・和文体は真筆どおり解読し、本文では余計な送り仮名は一切入れていない。ただし漢文体のものは読み下し、適宜送り仮名等を本文に入れた。
・真筆にはないが読みやすくするため、振り仮名（かなルビ・漢字ルビ）を多く付けた。仏教用語や歴史用語などの読み方は『岩波仏教辞典』（中村元編　岩波書店　一九九四年）、『新版　仏教哲学大辞典』（創価学会　二〇〇〇年）、『国史大辞典』（吉川弘文館　一九九三年）などを参考にした。そのため『日蓮大聖人御書全集』の読み方と相違する振り仮名がある。
・旧字や異体字などは新字体に直した。なお「法華経」は真筆で「法花経」と記す箇所があるが、すべて「法華経」とした。また、「秘密」や「顕密」などは真筆では「秘蜜」「顕蜜」となっているが「密」とした。
・「昭定」の表記については、本文行下に「昭定表現→改訂表現」で改正点を示した。改正の内容は主に以下の二種類がある。

①真筆の誤読　（例）給りて↓給はりて　よたけ也↓よだけし　昭定では「給りて」「よたけ也」と解読しているが、真筆の文字から「給はりて」「よだけし」と読むべき、との意味である。
②意味の上から濁点・句読点を付ける　真筆には濁点も句読点も書かれていないが、「昭定」も『御書全集』も適宜付けて読みやすくしている。なお、「昭定」で濁点を付け忘れたと考えられる箇所には濁点を付けた。（例）しらす↓しらず

「述作年代」

・述作年代については、本書では真筆の文字、花押の形を判定の基準に据え、その上で内容を吟味し決めていった。したがって、あくまでも本書独自の推定の述作年代となっている。
・真筆の文字から判定していくと、ある程度、幅をもたせた年代を提示することになる。三年以上の年代幅で推定した場合は、真ん中の年を一往の推定述作年とした。

「解説」

・まず真筆の写真集である『日蓮聖人真蹟集成』（法蔵館 一九七六年）の巻数・ページ数を〈真4―65〉というように表記し、次に『昭和定本 日蓮聖人遺文』の御書番号を〈昭定三二〉〈昭定断簡一五九〉というように表記した。
・解説の中で関連する御書の本文を引用する場合は、（昭定一三三〇頁・御書三五五頁）のように『昭和定本 日蓮聖人遺文』のページ数と『日蓮大聖人御書全集』のページ数を並記した。御書名を挙げた場合は（昭定遺文番号・『御書全集』のページ）とした。

御書・断簡

1

富木《とき》殿《どの》御返事

よろこびて御
との《殿》びと《人》給《たま》はりて
候《そうろう》。ひる《昼》はみぐる
しう候へば、よる《夜》
まいり候はんと
存《ぞんじ》候。ゆう《夕》さり
とり《酉》のときばかり
に給べく候へ。

（上段に十一行）
給りて→給はりて

候→候へ

又御はたり《渡》候て、
法門をも御だん《談》
ぎ《義》あるべく候。

十二月九日

日蓮

とき殿

（下段に三行逆向き）

十二月九日

日蓮

とき殿

【述作年代】建長五年（一二五三年）十二月九日といわれている。この書は従来、真筆と見なされてきたが、後述するように他筆（別人の筆）である可能性が高い。

【解説】〈『真蹟集成』になし〉〈昭定二〉

　原文の形態は折紙（紙を横に二つに折ったもの）。そのため日付以下は、紙の下半分に逆向きにして書いている。

　日蓮が経論の抜き書きをした「天台肝要文《てんだいかんようもん》」の紙の裏に書かれた「聖教裏文《しょうぎょううらもん》

書《じょ》」である。このように紙の裏に文が書かれているものを「紙背《しはい》文書」という。従来は真筆とされていたが、本書には日蓮が生涯にわたって書くことのない「万」（ま）、「り」（り）、「フ」（か）が使用されていることから、だれか（富木常忍《ときじょうにん》かその周辺の人）による写し（他筆）であることが知られる。しかし、日蓮が富木常忍に送った手紙の写しと考えられるので、文献的な価値は高い。

内容からは、昼間は人目もあるので、夜に伺《うかが》うと言ったり、あなたも私のほうへ来て法門の談義などしようと言ったりしているので、日蓮が富木邸のそばにいたことがわかる。建長五年十二月の書状とされており、そうだとすれば日蓮は立宗宣言をしたあと、すぐに鎌倉に入らず、富木邸のある現在の千葉県市川市でしばらく過ごしていたことになる。日蓮の生涯を語る上で、重要な情報を伝えてくれている。

2 災難興起由来《さいなんこうきゆらい》

（一紙）答えて曰《いわ》く、爾也《しかなり》。謂《おもえら》く、夏《か》の桀《けつ》・殷《いん》の紂《ちゅう》・周《しゅう》の幽等《ゆうとう》の世《よ》是《こ》れ也。

爾也から是れ也まで、移動あるいは削除を示す線あり

難じて云《いわ》く、彼《か》の時に仏法無し。故《ゆえ》に亦《また》、謗法《ほうぼう》の者無し。何に依《よ》るが故に国を亡《ほろぼ》すや。答えて曰く、黄帝《こうてい》・孔子《こうし》等の治国《ちこく》の作方《さほう》は、五常《ごじょう》を以《もっ》てす。愚王《ぐおう》有つて礼教《れいきょう》を破るが故に、災難出来《しゅったい》する也。難じて云く、若《も》し爾《しか》らば、今の世の災難、五常を破るに依らば、何ぞ必ずしも選択《せんちゃく》流布《るふ》の失《とが》と云んや。答えて曰く、仏法未《いま》だ漢土《かんど》に渡らざる前は、黄帝等、五常を以て国を治《おさ》む。其《そ》の五常は、仏法渡つて後に之《これ》を見れば、即《すなわ》ち五戒《ごかい》也。老子《ろうし》・孔子《こうし》

等も亦《また》、仏遠く未来を鑑《かんが》み、国土に和し、仏法を信ぜしめ《令》んが為に遣《つかわ》す所の三《さん》
聖《せい》也。夏《か》の桀《けつ》・殷《いん》の紂《ちゅう》・周《しゅう》の幽《ゆう》等、五常を破つて国を亡《ほろぼ》すは、
即《すなわ》ち五戒を破るに当る也。亦、人身《にんしん》を受けて国主と成るは、
必ず五戒・十善《じゅうぜん》に依《よ》る。外典《げてん》は浅近《せんごん》なるが故に
過去の修因《しゅいん》・未来の得果《とっか》を論ぜずと雖《いえど》も、五戒・十
善を持《たも》ちて国王と成る。故に人有りて五常を破れば、上《かみ》は天変頻《てんぺんしきり》に顕《あらわ》れ、
下《しも》は地妖間侵《ちようまおか》す者也。
故に今の世《よ》の変災《へんさい》も、亦、国中《くにじゅう》の上下万人《じょうげばんにん》、多分《たぶん》は
選択集《せんちゃくしゅう》を信ずるが故なり。弥陀仏《みだぶつ》より外《ほか》の他仏《たぶつ》・他経《たきょう》に於《おい》て、
拝信《はいしん》を至《いた》す者に於ては、面《おもて》を背《そむ》けて礼儀を至さず、言《ことば》を吐《は》いて随喜《ずいき》の心無し。
（二紙）　道俗禁戒《どうぞくごんかい》を犯《おか》す。　次行の破りの後に挿入
故に国土に於て、人民殊《にんみんこと》に礼儀を破り、例せば、院籍に習う者は　院籍は阮籍《げんせき》か
礼儀を亡《ほろぼ》し、元嵩《げんすう》に随《したが》う者は仏法を破るが如《ごと》く也。

問うて曰《いわ》く、何を以《もっ》てか之《これ》を知る。仏法未《いま》だ漢土《かんど》に渡らざる已前《いぜん》の五常は、仏教の中の五戒たること如何《いかん》。答えて曰く、金光明経《こんこうみょうきょう》に云《いわ》く、「一切世間《いっさいせけん》の所有善論《あらゆるぜんろん》は皆此の経に因《よ》る」と。法華経に云く、「若《も》し俗間《ぞっけん》の経書《きょうしょ》・治世《じせ》の語言《ごごん》・資生《ししょう》等を説かんに皆正法《しょうほう》に順ぜん」と。普賢経《ふげんきょう》に云く、「正法をもつて国を治《おさ》め、人民《にんみん》を邪枉《じゃおう》せず。是《これ》を第三の懺悔《ざんげ》を修すと名《なづ》く」と。涅《ね》槃経《はんきょう》に云く、「一切世間の外道《げどう》の経書《きょうしょ》は、皆《みな》是れ仏説にして外道の説に非《あら》ず」と。止観《しかん》に云く、「若し深く世法《せほう》を識《し》らば、即《すなわ》ち是《これ》仏法なり」と。弘決《ぐけつ》に云く、「礼楽前《れいがくさき》に馳《はせ》て、真道《しんどう》後《あと》に啓《ひら》く」と。広釈《こうしゃく》に云く、「仏、三人を遣《つかわ》して且《しばら》く真旦《しんたん》を化《け》す。五常は以て五戒を開くの方《ほう》なり。昔、大宰《たいさい》、孔子《こうし》に問うて云く、「三皇五帝《さんこうごてい》は是れ聖人《せいじん》なるか」。孔子答えて云く、「聖人に非ず」。又問う、「天子は是れ聖人なるか」。天子は夫子《ふうし》か亦《また》答う。「非也《ひなり》」。又問う、「若《も》し爾《しか》らば、誰か是《こ》れ聖人《せいじん》なる」。答えて云《いわ》く、「吾《われ》聞く、西方《さいほう》に聖《ひじり》有り、釈迦文《しゃかもん》と号す」。周書《しゅうしょ》異記《いき》に云く、「周の昭王《しょうおう》の二十四年甲寅《きのえとら》の

（三紙）歳四月八日、江河泉池《ごうがせんち》忽然《こつねん》として泛張《はんちょう》し、井水《せいすい》並《ならび》に皆溢《みなあふ》れ出《い》ず。寅殿人舎《じんしゃ》・山川《さんせん》大地《だいち》咸悉《みなことごと》く震動《しんどう》す。其の夜、五色《ごしき》の光《こう》気《き》有り。入《いり》て太微《たいび》を貫《つらぬ》き、四方に遍《へん》じ、昼青《せい》紅色《こうしょく》と作《な》る。照王、大史蘇由《たいしそゆう》に問うて曰《いわ》く、『是《これ》何の怪《かい》ぞや』。蘇由対《そゆうこた》えて曰く、『太聖人《だいせいじん》有り、西方《さいほう》に生《うま》る』。故に此《こ》の瑞《ずい》を現《げん》ず』と。昭王曰く、『天下に於《おい》て何如《いかん》』。蘇由曰く、『即時には化無し。一千年の外《ほか》、声教《しょうきょう》此の土に被及《ひきゅう》せん』と。昭王、即《すなわ》ち人を遣《つかわ》して、石を鐫《うが》つて之《これ》を記《しる》して埋《うず》む、西郊天祠《せいこうてんし》の前に在《あ》り。穆王《ぼくおう》の五十二年壬申《みずのえさる》の

釈迦→釈迦文

以下の引用文【参考】参照

浮張→泛張

寅は宮か

昼（書）は尽《ことごとく》（盡）か

照は昭か　大は太か

太は大か

雋門→鐫

歳《とし》二月十五日、平旦《へいたん》に暴風忽《たちまち》に起《おこ》って、人舎を発損《はっそん》し、樹木を傷折《しょうせつ》し、山川大地皆悉《ことごと》く震動《しんどう》す。午後、天陰《くも》り雲黒し。西方に白虹《はっこう》十二道《どう》あり。南北に通過して連夜《れんや》滅せず。穆王、太史扈多《たいしこた》に問う。『是《これ》何の徴《しるし》ぞや』。対《こた》えて曰く、『西方《さいほう》に聖人《せいじん》有り、滅度《めつど》の瑞は衰《すい》相《そう》と現《げん》ずるのみ』と」已上。今、之を勘《かんが》うるに、

（四紙）金光明経《こんこうみょうきょう》に「一切世間の所有《あらゆる》善論は、皆此の経に因《よ》る」と。仏法未《いま》だ漢土《かんど》に渡らざれば、先《ま》ず黄帝《こうてい》等、玄《げん》女《にょ》の五常《ごじょう》を習う。即《すなわ》ち玄女の五常に源《もとづ》いて、久遠《くおん》の仏教を習い、黄帝《こうてい》国を治めしむ《令》。機《き》未だ熟《じゅく》さざれば、五戒《ごかい》を説くとも過去・未来を知らず。

損発→発損

襄→衰

但《ただ》現在に国を治め、至孝《しこう》・至忠《しちゅう》に身を立つる計《ばか》り也。余の経文も以《もっ》て亦是《またかく》の如《ごと》し。亦、周書《しゅうしょ》異記《いき》等は、仏法未《いま》だ真旦《しんたん》に被《こうむ》らざる已前《いぜん》一千余年に、人、西方に仏有ること之《これ》を知る。何《いか》に況《いわ》んや、老子《ろうし》は殷《いん》の時に生れ、周《しゅう》の列王《れつおう》の時に有り。孔子亦老子の弟子、顔曲亦孔子の弟子也。豈《あに》周の第四の昭《しょう》王《おう》・第五の穆王《ぼくおう》の時、蘇由《そゆう》・扈多《こた》記《しる》す所の「一千年の外《ほか》、声教《しょうきょう》此《こ》の土に被及《ひきゅう》せん」の文《もん》を知らざらんや。亦、内典《ないてん》を以て之を勘《かんが》うるに、仏慥《たしか》に之を記《しる》したまう。「我れ三聖を遣《つかわ》して彼《か》の真旦《しんたん》を化《け》す」と。仏、漢土に(五紙)仏法を弘めんが為に、先《ま》ず三菩薩を漢土に遣《つかわ》し、諸人に五常を教えて仏経の初門と為《な》す。此れ等の

顔曲は顔回《がんかい》か

文を以て之を勘《かんが》うるに、仏法已前《いぜん》の五常は仏教の内の五戒と知る。

疑って云《いわ》く、若《も》し爾《しか》らば、何《なん》ぞ選択集《せんちゃくしゅう》を信ずる謗法《ほうぼう》の者の中に、此の難に値《あ》わざる者之《これ》有るや。答えて曰《いわ》く、業力《ごうりき》は不定《ふじょう》也。現世《げんぜ》に謗法を作《な》し、今世《こんぜ》に報《むく》い有るは、即《すなわ》ち法華経に云く、「此の人、現世に白癩《びゃくらい》の病《やまい》、乃至《ないし》諸《もろもろ》の悪重病を得ん」と。仁王経《にんのうきょう》に云く、「人、仏教を壊《やぶ》らば、復孝子《またこうし》無く、六親《ろくしん》不和《ふわ》にして天神《てんじん》も祐《たす》けず、疾疫《しつえき》・悪鬼《あっき》、日に来《きた》つて侵害《しんがい》し、災怪首尾《さいげしゅび》し、連禍《れんか》あらん」と。涅槃経《ねはんきょう》に云く、「若し是《こ》の経典を信ぜざる者有らば○若しは臨終《りんじゅう》の時、荒乱《こうらん》し、刀兵競《とうひょうきそ》い起り、帝王の暴虐《ぼうぎゃく》・怨家《おんけ》の讐隙《しゅうげき》の侵逼《しんぴつ》する所とならん」と已上。順現業《じゅんげんごう》也。法華経に

○は引用上の中略の意　以下同

云《いわ》く、「若《も》し人信ぜずして、此《こ》の経を毀謗《きぼう》せば○其《そ》の人、命終《みょうじゅう》して、阿鼻獄《あびごく》に入らん」と。仁王経《にんのうきょう》に云く、「人(六紙)仏教を壊《やぶ》れば○死して地獄《じごく》・餓鬼《がき》・畜生《ちくしょう》に入らん」と已上。順次生業《じゅんじしょうごう》也。順後業《じゅんごごう》等は之《これ》を略す。

疑って云く、若し爾《しか》らば、法華・真言等の諸大乗経を信ずる者、何ぞ此の難に値《あ》うや。答えて曰《いわ》く、金光明経《こんこうみょうきょう》に云く、「枉《まげ》て辜《つみ》無きに及ぼさん」と。法華経に云く、「横《よこしま》に其の殃《わざわい》に羅《かか》らん」等云云。止観《しかん》に云く、「似解《じげ》の位《くらい》は因《いん》の疾少軽《しつしょうきょう》なれば道心転《うた》た熟《じゅく》すれども、果《か》の疾猶《しつなお》重ければ衆災《しゅさい》を免《まぬか》れず」と。記《き》に云く、「若し過《か》・現《げん》の縁《えん》浅ければ、微苦《びく》も亦《また》、徴《しるし》無し」と已上。此等の文を以《もっ》て之を案ずるに、法華・真言等を行ずる者も、未《いま》だ位《くらい》深からず、縁浅くして口に誦《じゅ》すれども、其の義を知らず、一向《いっこう》に名利《みょうり》の為《ため》に之を読む。先生《せんじょう》の謗法《ほうぼう》の罪未だ尽《つ》きずして、外《そと》に法華等を行じて内《うち》に選択《せんちゃく》の意を存《そん》じ、心に存せずと雖《いえど》も、世情《せじょう》に叶《かな》わんが為に、在俗《ざいぞく》に向って法華経は末代に叶い難《がた》き由《よし》を称《しょう》すれば、此の災難勉れ難き（七紙）か。

問うて曰く、何《いか》なる秘術《ひじゅつ》を以て速《すみや》かに此《こ》の災難を留《とど》むべ《可》きや。答えて曰く、還《かえ》って謗法の書并《ならび》に学ぶ所の人を治《じ》すべ《可》し。若し爾《しか》らずんば、無《む》尽《じん》の祈請《きしょう》有りと雖も、但費《ただつい》えのみ有りて験《しるし》無きか。

問うて曰く、如何《いかん》が対治《たいじ》すべき。答えて曰く、治方《じほう》亦経に之《これ》有《あ》り。

大集経《だいじっきょう》に云く、「若しは未来世の有信の諸王、若しは四性《ししょう》等、寧《むし》ろ如法《にょほう》の比丘《びく》

勉は免《まぬか》か

並→并

一人を護《まも》り、無量の諸《もろもろ》の悪比丘《あくびく》を護らざれ。能《よ》く法を護持《ごじ》せば当《まさ》に知るべし、是《こ》の人は、乃至《ないし》、十方諸仏世尊の大檀越《だいだんのつ》也」文。

以上三行　昭定なし

涅槃経《ねはんきょう》に云《いわ》く、「仏言《のたまわ》く、唯《ただ》一人《いちにん》のみを除いて、余《よ》の一切《いっさい》へ施《ほどこ》せ○正法《しょうほう》を誹謗《ひぼう》して是《こ》の重業《じゅうごう》を造る○唯此《ただか》くの如《ごと》き一闡提《いっせんだい》の輩《やから》のみを除いて、其の余の者に施せば、一切讃歎《いっさいさんたん》せん」と已上。此の文《もん》より外《ほか》にも亦《また》、治方《じほう》有り。具《つぶさ》に載《の》するに暇《いとま》あらず。而《しか》るに当世《とうせ》の道俗《どうぞく》、多く謗法《ほうぼう》の一闡提《いっせんだい》の人に帰《き》して、讃歎供《く》養《よう》を加うる間、偶《たまたま》謗法の語《ことば》を学《がく》せざる者をば、還《かえ》って謗法の者と称《しょう》して怨敵《おんてき》と作《な》す。諸《しょ》人《にん》、此の由《よし》を知らざるが故に、正法の者を還って謗法の者と謂《おも》えり。此偏《これひとえ》に法華経の勧持品《かんじほん》に（八紙）記《き》す所の「悪世《あくせ》の中の比丘は、邪智《じゃち》にして心諂曲《てんごく》に○好んで我等が過《とが》を出ださん○国王・大臣・波羅門《ばらもん》・居士《こじ》に向って○誹《ひ》謗《ぼう》して我が悪を説いて、是れ邪見の人、外道《げどう》の論議を説くと謂《い》わん」の文の如し。仏の讃歎する所の世の中の福田《ふくでん》を捨て、誡《いまし》むる所の一闡提《いっせんだい》に於《お》て讃歎供養を加う。故に弥貪欲《いよいよとんよく》の心盛《さかん》にして謗《ぼう》法《ぼう》の音天下《こえてんか》に満《み》てり。豈《あに》災歎起らざらんや。

問うて曰《いわ》く、謗法の者に於て供養を留《とど》め、苦治《くじ》を加えるに罪有《あり》や不《いな》や。答えて曰く、涅槃経に云く、「今、無上《むじょう》の正法を以《もっ》て、諸王・大臣・宰相《さいしょう》・比丘《びく》・比丘尼《びくに》に付属《ふぞく》す○正法を毀《そし》る者は、王者・大臣・

波は婆か

災歎は災難か

四部《しぶ》の衆応当《まさ》に苦治《くじ》すべし○尚《なお》罪有ること無し」と已上。一切衆生は螻蟻蚊《ろうぎぶん》虻《ぼう》に至《いた》るまで必ず小善《しょうぜん》有れども謗法《ほうぼう》の人には小善無し。故に施《せ》を留《とど》めて苦治《くじ》を加うる也。問うて曰《いわ》く、汝《なんじ》、僧形《そうぎょう》を以《もっ》て比丘《びく》の失《とが》を顕《あらわ》す。豈不謗四衆《あにふほうししゅ》と不《ふ》

（九紙）謗三宝《ほうさんぽう》との二つの重戒《じゅうかい》を破るに非《あら》ずや。答えて曰く、涅槃《ねはん》経《きょう》に云《いわ》く、「若《も》し善比丘《ぜんびく》あつて、法を壊《やぶ》る者を見て置いて呵責《かしゃく》し駈遣《くけん》し挙処《こしょ》せずんば、当《まさ》に知るべし、是《こ》の人は仏法の中の怨《あだ》なり。若し能《よ》く駈遣《くけん》し呵責《かしゃく》し挙処《こしょ》せば、是れ我が弟子、真《しん》の声《しょう》聞《もん》也」已上の文《もん》を守りて之《これ》を記《しる》す。若し此《こ》の記《き》、自然《じねん》に国土に流布《るふ》せしめ《令》ん時、一度《ひとたび》高覧《こうらん》を経《へ》ん人は、必ず此の旨《むね》を存すべき《可》か。若し爾《しか》らずんば、

大集《だいじつ》并《ならび》に仁王経《にんのうきょう》の「若し国王有つて、我が法の滅《めっ》せんを見て、捨てて擁護《おうご》せずんば◯其《そ》の国の内に三種の不祥《ふしょう》を出《いだ》さん。乃至《ないし》、命終《みょうじゅう》して大地獄《だいじごく》に生ぜん」。「若し王の福尽《つ》きん時◯七難必ず起らん」との責《せめ》を勉れ難《がた》きか。此の文の如《ごと》くんば、且《しばら》く万事《ばんじ》を閣《さしお》きて、先《ま》ず此の災難の起る由《よし》を慥《たしか》むべ《可》きか。若し爾《しか》らずんば、仁王経の「国土乱れん時は先《ま》ず鬼神《きじん》乱る、鬼神乱るるが故に万民乱る」との文を見よ。当時、鬼神の乱れ、万民の乱れ有り。亦《また》、当《まさ》に国土も乱るべし。愚勘《ぐかん》是くの如し。取(十紙)捨は人の意に任《まか》す。

正元《しょうげん》二年太才庚申二月上旬、之《これ》を勘《かんが》う。

並→并

勉は免《まぬか》か

太才庚申は「たいさいかのえさる」

以下　真筆では「像法決疑経」等の要文が記されている

【述作年代】文中にあるとおり、正元《しょうげん》二年（一二六〇年）二月上旬である。

【解説】〈真4―43〉〈昭定二〇〉原文は漢文体。本書は重要文化財に指定されている。前段は欠けている。なお、文中にいくつか見られる○は、経典の引用上の記号で、中略を意味している。

富木常忍《ときじょうにん》の遺した御書・御本尊等の目録である「常修院本尊聖教事」には本書を「種種災難起御勘文」と記している。現在の題号「災難興起由来」は、第九紙の「万事を閣《さしお》いて、先ず此の災難の起る由を慥《たしか》むべきか」によるか。災難の起こる原因について仏教経典や外典の書を多く読破し、その要文を抜き書きしたもの（抄録《しょうろく》という）を中心にして文章が構成されている趣《おもむき》がある。

「正元二年二月上旬」とあり、「立正安国論」提出（文応元年七月。四月に改元）の五カ月前であることから「立正安国論」の草案（下書き）とも言われているが、それは必ずしも的を射ていない。

「立正安国論」の主調とも言える法然《ほうねん》念仏への言及がほとんど見られない。前欠であるため断定はできないが、現存する十紙中、第六紙後半で「外《そと》に法華等を行じて内《うち》に選択《せんちゃく》の意を存《そん》じ、心に存せずと雖《いえど》も、世情に叶《かな》わんが為《ため》に、在俗《ざいぞく》に向つて法華経は末代に叶い難《がた》き由《よし》を称《しょう》すれば、此《こ》の災難勉《まぬか》（免）れ難きか」という文で、法然の「選択集」に触れているのみである。しかもこれは「選択集」批判というより、法華経を批判することが災難を招くという趣旨である。

ただ、本書で引用される経典は、「法華経」「涅槃経」「金光明経」「仁王経」「大集経」等であり、この点は「立正安国論」と同質である。また、災難を対治する方途は第八紙で「謗法《ほうぼう》の者に於《おい》て供養を留《とど》め、苦治《くじ》を加える」と示されているが、これも「立正安国論」の「施《せ》を止《とど》む」（昭定二二四頁・御書三〇頁）に通じている。

なお、「正元二年」と元号年が書かれているのはめずらしい。日付を元号から書き始めるのは、真筆では本書を含めて次の十編しかない。（　）内の数字は、真筆に年月日が書かれている『昭和定本』と『御書全集』のページ数を示す。

本書「災難興起由来」（一六二頁・なし）　正元二年太才庚申《かのえさる》二月上旬
著述「安国論御勘由来」（四二四頁・三五頁）　文永五年太才戊辰《つちのえたつ》四月五日
「安国論奥書」（四四三頁・三三頁）　文永六年太才己巳《つちのとみ》十二月八日
「法華浄土問答抄」（五二一頁・一一二〇頁）　文永九年太才壬申《みずのえさる》正月十七日
「観心本尊抄」（七二一頁・二五五頁）　文永十年太才癸酉《みずのととり》卯月《うづき》二十五日
「法華行者逢難事」（七九八頁・九六七頁）　文永十一年甲戌《きのえいぬ》正月十四日

「始聞仏乗義」（一四五二頁・九八四頁）　建治四年太才戊寅《つちのえとら》二月廿八日
「転重軽受法門」（五〇九頁・一〇〇一頁）　文永八年辛未《かのとひつじ》十月五日
消息「観心本尊抄送状」（七二一頁・二五五頁）　文永十年太才癸酉《みずのととり》卯月《うづき》廿六日
「諸人御返事」（一四七九頁・一二八四頁）　弘安元年三月廿一日戌時《いぬのとき》
太才【注】参照

そもそも鎌倉時代の文書でも元号年月日を記すのは、所領の安堵状《あんどじょう》や遺産の譲《ゆずり》状《じょう》などによく見られるように、のちのちまで効力を発揮するためである。日蓮が元号年を記した意味も、これに通じるものがあると考えられる。改めてこれら十書の内容を押さえておく必要があろう。

【注】太才《たいさい》（太歳）について
真筆では〈太才庚申〉とあるように、干支《かんし》の庚申の前に「太才」という表現が記されている。正式には「太歳」であるが、これはほぼ十二年（正確には約十一・八六年）で太陽の周りを反時計回りに公転する木星の運行と逆の時計回りに回る想像上の星のことを意味している。「太歳」は木星と同じく、正月である寅《とら》の月に真夜中に

南中する星と仮想され、以後時計回りに一年に三〇度ずつ動き、十二年でまた寅の位置に戻ってくるようになっている。そこで真筆では、年の干支を表現するとき、干支の前に「太才（太歳）」と書いているのである。

【参考】第二紙末から三紙で引用される『周書異記』の表記は以下のようになっている（出典は『大正新脩大蔵経』第五二巻No.２１０５）。『続集古今佛道論衡一巻』（西域天竺国事　大唐西崇福寺沙門釋智昇撰　出後漢書列伝七十八）に引用される。

周書異記云。周昭王即位二十四年甲寅歳四月八日。江河泉池忽然汎漲。井水並皆溢出。宮殿人舍山川大地咸悉震動。其夜五色光氣入貫太微遍於四方。盡作青紅色。周昭王問大史蘇由曰。是何祥也。蘇由對曰。有聖人生在西方。故現此瑞。昭王曰。於天下何如。蘇由曰。即時無他。一千年外聲教被及此土。昭王即遣鐫石記之。埋在南郊天祠前。（中略）

周穆王即位五十二年壬申歳二月十五日。平旦暴風忽起。廢損人舍傷折樹木。山川大地皆悉震動。午後天陰黑。西方有白虹。作十二道南北通過。連夜不滅。穆王問太史扈多曰。是何徵也。扈多對曰。西方有聖人滅度。衰相現也。

3 論談敵対御書《ろんだんてきたい》

論談敵対の時、二口三口に及ばず、一言二言を以《もっ》て退屈《たいくつ》せしめ《令》了《おわんぬ》。

所謂《いわゆる》、善覚寺《ぜんかくじ》道阿弥陀仏《どうあみだぶつ》・長安寺《ちょうあんじ》能安《のうあん》等是也。

其《そ》の後は、唯悪口《ただあっこう》を加え、無癡《むち》の道俗《どうぞく》を相語らい、留難《るなん》を作《な》さしむ《令》。或《あるい》は国々の地頭《じとう》等に語らい、或は事を権門《けんもん》に寄せ、或は昼夜《ちゅうや》に私宅《したく》を打ち、或は丈木《じょうもく》を加え、或は刀杖《とうじょう》に及び或は貴人に向《むかっ》て云《いわ》く、謗法《ほうぼう》者・邪見《じゃけん》者・悪口《あっこう》者・犯禁《ぼんごん》者等の狂言《おうごん》、其の数を知らず。終《つい》に去年《こぞ》の五月十二日戌時《いぬのとき》、念仏者并《ならび》に塗師《ぬし》・冠師《かんむりし》・雑人《ぞうにん》等

光→覚

丈は杖か

□師・□師→塗師・冠師

【述作年代】弘長二年（一二六二年）。弘長元年の伊豆流罪を「去年」としている。

【解説】〈真4—65〉〈昭定三二〉原文は漢文体。

「松葉ケ谷《まつばがやつ》の法難」の実態がどのようなものであったのかを知ることができる重要な内容が書かれている。松葉ケ谷の法難について言及した御書として、「下山御消息」（昭定一三三〇頁・御書三五五頁）「妙法比丘尼御返事」（昭定一五六一頁・御書一四一三頁）があるが、この「論談敵対御書」によって法難の実態がより明らかになる。

この文によると、日蓮が文応元年（一二六〇年）七月、「立正安国論」を幕府に提出したことを聞いた鎌倉の念仏者たちは、大いに怒り騒ぎ、日蓮に法論を挑んだことがわかる。しかし、日蓮にとってこの法論は「退屈せしめおわんぬ」というほどで、念仏者たちはまったく日蓮には歯が立たなかったようである。その後、憎悪にかられた念仏者たちは、非難中傷を喧伝《けんでん》しながら、ついには暴力的な弾圧行動に出たのである。手を変え、品を変え、さまざまな迫害が執拗《しつよう》にくりかえされたことが伝わってくる。

「松葉ケ谷の法難」というのは、文応元年八月二十七日に起きたとする説があるが、これは江戸時代に出てきた伝承にすぎず、起きた月日を論じることはあまり意味がない。「昼夜に私宅を打ち」をはじめとする種々の迫害を総称する法難と考えるのが妥当である。また、最後に「五月十二日戌時《いぬのとき》」とあるのは伊豆流罪のことを指している。草庵を襲われたあと、下総《しもうさ》の富木邸に一時逃れたとの通説があるが、この文からは鎌倉脱出など微塵も感じられない。

実に、鎌倉から一歩も退かず、いかなる迫害からも逃げず、屈せず戦い抜いた日蓮の勇姿を彷彿《ほうふつ》とさせる御書なのである。

4 依《え》法《ほう》不《ふ》依《え》人《にん》の事（断簡三〇他）

〈断簡三〇〉

行ありて学生《がくしょう》ならざるは国の用《よう》なり。智行《ちぎょう》共に備《そなわる》は国の財《たから》なり。智行共にかけ《欠》たるは、国の賊《ぞく》、国人《こくじん》の中の牛なり。法華経の許《ゆるさ》れなくして自由に四《し》十余年《じゅうよねん》の経々《きょうぎょう》をならい行《ぎょう》じて、生死《しょうじ》をもはなれ《離》んとをもう《思》学者等は、自身謗法《ほうぼう》の者となる上、一切衆生《いっさいしゅじょう》皆謗法の者となるべき因縁《いんねん》なり。此の法門は震旦国《しんたんこく》に仏

智得→智行

生死を→生死をも

法わたりて二百年と申せしに、天台智《てんだいち》者大師《しゃだいし》始《はじめ》て一切経《いっさいきょう》を料簡《りょうけん》し給しやう《様》なり。日本国には仏法始《はじめ》て二百余年と申せしに、伝教大師《でんぎょうだいし》、天台の本疏《ほんしょ》三十巻をみ《見》て、始《はじめて》此の義をあらわし給へり。此の義《ぎ》だにも実《じつに》して仏意《ぶつい》にかな《叶》わば、四十余年の諸経《しょきょう》の行者《ぎょうじゃ》と彼の経々《きょうぎょう》に依《より》て法華経を全《まったし》とせざる諸宗の人々は、皆謗法因縁《いんねん》なり。問云《とうていわく》、一仏の名号《みょうごう》には諸仏の功徳《くどく》は

〈断簡五一―二〉

をさまらず。法華経の□《三》字に□□□□□□を《納》さまるというか。答云《こたえていわく》、爾《しか》也。金《こがね》に《似》にたる石あり。又実《まこと》の金あり。珠《たま》ににたる石あり。

功徳→功徳は

実の珠あり。愚者《ぐしゃ》は金ににたる石を金とをもい《思》、珠ににたる石を珠とをもう。この僻案《びゃくあん》の故《ゆえ》に又、金に似《にたる》石と、実の金と、珠に似《にたる》石と実の珠と勝劣をあらそう《争》。世間《せけん》の人々は何《いずれを》是《ぜ》という事をしら《知》ざる故に、或《あるい》は多人《たじん》のいう《言》かた《方》につき《付》て一人の実義《じつぎ》をすて《捨》、或は上人《しょうにん》の言《ことば》について少人の実義をすつ《捨》。或は威徳《いとく》の者《ものの》いう《言》ぎ《義》につき《付》て無威《むい》の者の実義をすつ。仏は依法不依人《えほうふえにん》といましめ《誡》給《たまえ》ども、末代《まつだい》の諸人《しょにん》は依人不依法《えにんふえほう》となりぬ。仏は依了義経《えりょうぎきょう》不依不了義経《ふえふりょうぎきょう》とはせいし《制》給《たまえ》ども、濁世《じょくせ》の衆生《しゅじょう》は依不了義経《えふりょうぎきょう》不依了義経《ふえりょうぎきょう》の者となりぬ。あらあら《粗々》世間《せけん》の法門を案《あん》ずるに華厳宗《けごんしゅう》

何を→何是　千→多

と中宗《もうすしゅう》は華厳経《けごんきょう》を本《ほん》として一切経《いっさいきょう》をすべ《統》たり。法相宗《ほっそうしゅう》・三論宗《さんろんしゅう》等も皆我依経《みなわがえきょう》を本として諸経を

〈断簡五二―一〉

釈《しゃく》するなり。されば華厳宗、人多《おおし》といえ《雖》ども澄観《ちょうかん》等の心をいで《出》です。彼の宗の人々、諸経《しょきょう》をよめ《読》ども、ただ澄観の心をよむ《読》なり。全《まったく》諸経をばよま《読》ず。余宗《よしゅう》又かくのごとし。澄観等仏意《ぶつい》にあい《相》かな《叶》わば我止《われやむ》。彼等又仏意に相叶《かなう》べし。澄観もし仏意に相叶《あいかなわ》ずば、彼の宗の諸人《しょにん》又仏意に相叶《かなう》べからす。一人妄《もう》をさえづれ《囀》ば、諸人妄《もう》をつた《伝》う。一人ま《政》つり事をだ《穏》やかならざれば、万民《ばんみん》苦をな

すへ↓すべ

すがごとし。当世《とうせ》の念仏者たとい諸経諸仏を念《ねん》じ行《ぎょう》ずとを《思》もえども道綽《どうしゃく》・善導《ぜんどう》・法然《ほうねん》等の心をすぎ《過》ず。若爾者《もししからば》、道綽禅師《ぜんじ》が未有一人得者《みういちにんとくしゃ》の釈《しゃく》、善導が千中無一《せんちゅうむいつ》の釈、法然が捨閉閣抛《しゃへいかくほう》の四字謬《あやまり》ならば、たとえ一代聖教《いちだいしょうぎょう》をそら《空》にせる念仏者なりとも、阿弥陀《あみだ》の本願《ほんがん》にもすて《捨》られ、諸仏の御意《みこころ》にもそむ《背》き、法華経の其人命終《ごにんみょうじゅう》、入阿鼻獄《にゅうあびごく》の者とならん事

〈断簡五二一―二〉

疑《うたがい》なし。これ偏《ひとえ》に依法不依人《えほうふえにん》の仏の誓戒《せいかい》をそむ《背》いて、人により《依》ぬる失《とが》のいたすところなり。問云《とうていわく》、人に依失《よるがとが》ならば、なんぢ《汝》は

念し→念じ

天台《てんだい》・妙楽《みょうらく》・伝教《でんぎょう》大師に依《よる》や。答云《こたえていわく》、あえて天台・妙楽・伝教大師を用《もちい》ず。但《ただ》天台・妙楽・伝教大師の引給《ひきたまえ》る証文《しょうもん》によ《依》るなり。例《れい》せば国をさむ《治》る人、国の中のまつり事《政》、三《さん》皇《こう》・五帝《ごてい》等の三墳《さんぷん》・五典《ごてん》にて賞罰《しょうばつ》ををこ《行》なえば、聖人賢人《せいじんけんじん》とはい《言》わるれども、人を罰《ばっ》する罪《つみに》よ《依》りて悪道にをち《堕》ず。而《しかる》を重罪《じゅうざい》の者愛するによりて、軽罪《きょうざい》にをこな《行》ひ、奉公《ほうこう》あるものを悪によりて賞《しょう》せずなんどあれば、現世《げんせ》には佞人《ねいじん》のな《名》をとり、国やぶ《破》れ、未来にはあし《悪》き名をなが《流》すなり。これ偏《ひとえ》に文書《もんじょ》に依《より》て人によらず、人によりて文書によらざるによりて、賢愚《けんぐ》はいで《出》来るなり。当世の僧俗《そうぞく》多《おおく》は人《にん》を本《ほん》として経文《きょうもん》を本とせず。或者云《あるものいわく》、日蓮は善導《ぜんどう》和尚《おしょう》にはすぐ《過》べからず。或云《あるいはいわく》、日蓮見るほどの

【述作年代】文字から、文永年間初期（一二六四—六年）と推定した。

【解説】〈昭定　断簡三〇〉〈五一—一二〉〈五二—一一〉〈五二—一二〉を一書としてつなげた。内容的にもつながったものとして読むことができる。『日蓮聖人真蹟集成』では順番に〈真5—61〉〈真5—56〉〈真5—57〉〈真5—58〉となっている。

涅槃経に説かれる「依法不依人」（法に依って人に依らず）を挙げて、華厳宗の澄観《ちょうかん》や念仏の道綽《どうしゃく》・善導《ぜんどう》・法然《ほうねん》等の人師の言に依ってはならないとする。天台・伝教に依っているではないかという反論に対しても、天台・伝教が引いた文証に依っているのだと答えている。すなわち、「これ偏に文書に依て人によらず、人によりて文書によらざるによりて、賢愚はいで来るなり」（断簡五二—一二）と、依法不依人こそが賢き選択であることを強調している。

5 先判後判《せんぱんごはん》の事（断簡五二—三他）

〈断簡五二—三〉

と難《なん》ぜらるるか。若爾者《もししからば》いかにまけ《負》たる問注《もんちゅう》の義と恐《おそれ》かへされたる先判《せんぱん》をば、公家《くげ》・武家《ぶけ》にはをさめ《納》をかれたるべし。先判は後判《ごはん》のためのかたうど《方人》となり、まけたる問注の記《き》はかつ《勝》ものの証文《しょうもん》となる故《ゆえ》に、をさめ《納》をかれたるなり。爾前《にぜん》の諸経は爾前の行者《ぎょうじゃ》のためには用事なけれども、法華経の行者のために□□□なるなり。故に阿難尊者此《あなんそんじゃこれ》を結集《けつじゅう》

をは→をば

し、訳者《やくしゃ》たち震旦《しんたん》日本までもわたし《渡》来《きた》るなり。問云《とうていわく》、阿弥《あみ》陀《だ》の三字、一代聖教《いちだいしょうぎょう》・一切諸仏《いっさいしょぶつ》をさまり《納》給わずば、いかに止観《しかん》に云う「与称十方仏名字功徳正等《じっぽうのほとけにみょうじをとなうるとくどくしょうとう》」の釈如何《いかん》。答云《こたえていわく》、反詰云《はんきつしていわく》、此の釈は何の経文により処有《どころあり》や。答云、止観の常坐常行《じょうざじょうぎょう》の両三昧《りょうざんまい》の処《ところ》なり。問云、其の両三昧は何《いずれの》経文に依《よる》ぞや。答云、常坐三昧は文殊問《もんじゅもん》等、常行三昧は般舟経《はんじゅきょう》等。問云、文殊問経・般舟経は何《いずれ》の部《ぶ》の経ぞ。法華経爾前《にぜん》か、已後《いご》か並《ならび》か如何《いかん》。答云、しらず。難云《なんじていわく》、経を定《さだめて》、釈《しゃく》をば料《りょう》簡《けん》すべし。汝《なんじ》ほぼこれをきけ《聞》。天台・妙楽の心は、玄義《げんぎ》十巻諸経の

智者→訳者

しらす→しらず

〈断簡五一一〉

止観《しかん》十巻には内外典《ないげてん》を打顚《うちくず》して、法華経となしてつくれ《造》る文なり。教相《きょうそう》を以《もって》定めば、法華已前《いぜん》の諸経の談《だん》にして、一仏の一切の仏の功徳をば備《そなえ》ざる事なり。法華経にをいても迹門《しゃくもん》にすら、なをしこれをゆる《許》さず。何況《いかにいわんや》爾前《にぜん》の経々《きょうぎょう》をや。されば、爾前の諸経に一仏一切仏の義をとける《説》は、或は平等意趣《びょうどういしゅ》と心へ《得》、或は法身《ほっしん》のかた《片》をとける《説》と心へ、或は爾前の円教《えんきょう》の融通《ゆうずう》の心としる《知》べきを、遠くは一代聖教《いちだいしょうぎょう》の先後《せんご》をもわきま《弁》へず。近《ちかく》は天台・妙楽の釈をもしら《知》ざる者ども、但一文一句《ただいちもんいっく》計《ばかり》をとり《取》て、先後《せんご》もしら《知》ずいう《言》事なり。阿弥《あみ》陀《だ》の三字に一切の諸仏を摂事《おさめること》は、源《みなもと》法華経の所説《しょせつ》、一切の諸法を三諦《さんたい》とと《説》かるれば、法華経の行者のためには阿弥陀の三字、一切の仏をを《納》さむべし。法華経も信ぜぬ権経《ごんきょう》

【述作年代】文字から、文永年間初期（一二六四―六年）と推定した。

【解説】〈真5―59〉〈昭定　断簡五二―三〉と〈真5―56〉〈昭定　断簡五一―一〉

二つの断簡の文章は、つながってはいないが、文字の大きさ、書体が酷似《こくじ》し、趣旨も共通していることから一書と考えた。

先判（爾前《にぜん》経）と後判（法華経）の例に則してその勝劣が述べられている。「先判は後判のためのかたうど（有力な証拠）」というように、問注（裁判）では先例がものを言うため、先に示された判例を重視するのが習いであった。釈尊一代五十年の説法にあっては、先判の爾前の教えのすぐれた部分は後判の法華経にすべて納められており、法華経より已前か已後か同時かを押さえないのは、一代聖教の先後を弁《わきま》

えない議論に陥《おちい》ると述べている。

そして、「法華経にをいても迹門《しゃくもん》にすら、なをしこれをゆるさず」（断簡五一一二）とあるように、迹門でさえ一切の功徳を具《そな》えていないという明らかな本迹《ほんじゃく》相対に立っている。天台は一往は、本門は実、迹門は権《ごん》としながら、再往は、「本迹殊《こと》なりと雖《いえど》も不思議一なり」（『法華玄義』巻七）として本迹に優劣をつけなかった。日蓮は佐渡期の「開目抄」で「一念三千の法門は但法華経の本門・寿量品の文の底にしづめたり」（昭定五三九頁・御書一八九頁）といい、弘安期の「治病大小権実違《ごんじつい》目《もく》」では「本迹の相違は水火天地の違目」（昭定一五一八頁・御書九九六頁）とあるように本迹勝劣に立っている。本書は文永年間初期であり、早くから日蓮が本門と迹門の勝劣を論じていることに着目したい。

6 御成敗式目《ごせいばいしきもく》（断簡一一〇）

梵天《ぼんてん》・帝釈《たいしゃく》・四大天王《しだいてんのう》、総《そうじて》日本国中六十余州大小神祇《じんぎ》別《べっして》伊豆・箱根両所権現《ごんげん》・三島大明神《だいみょうじん》・八幡《はちまん》

【述作年代】文字から、文永年間初期（一二六四―六年）と推定した。

【解説】〈真５―151〉〈昭定　断簡一一〇〉原文は漢文体。

これは鎌倉幕府の武家の法律である「御成敗式目」の末文の一節を写したものである。法律の最後に運用に当たって公平を期すことを諸神に誓ういわゆる起請文《きしょうもん》の形式を採っていることは大変に興味深い。日蓮も「御式目を見るに五十一箇条を立てて終りに起請文を書載せたり」（「下山御消息」昭定一三三三頁・御書三五六頁）と述べており、「御成敗式目」の内容に強い関心をもっていたことがうかがえる。

7 伊《い》豆《ず》流《る》罪《ざい》の事

（断簡一五九）

と勘《かんがえ》て、正元《しょうげん》二年
庚申《かのえさる》同文応《ぶんおう》元年
なり。七月十六日野《や》
□□《戸野》入道に付《つけ》て最《さい》
明寺《みょうじ》入道殿《にゅうどうどの》に奏
（貼り合わせ）
□被了《おわんぬ》。此故《このゆえ》日蓮
□文応二年辛酉五月
□□□伊豆国《いずのくに》伊東《いとう》

進□了↓□被了

【述作年代】伊豆流罪についての言及から、文永期と推定。

【解説】〈真5—66〉〈昭定　断簡一五九〉

「立正安国論」を宿屋《やどや》入道（本書では「野□《戸》□《野》入道」）を通して、最明寺入道（北条時頼《ときより》）に提出した結果、伊豆流罪へとつながったことを明示している。

「文応二年辛酉五月」とあるが、正確には「弘長《こうちょう》元年」である（二月二十日改元《かいげん》）。日蓮は改元の情報をいち早く掌握しており、普通なら弘長元年と書くはずである。真筆現存とされる「弘安改元事」に「弘安元年太才戊寅《つちのえとら》、建治四年二月二十九日改元。疫病故歟《か》」（昭定一四五四頁・御書なし）とあり、改元情報の入手に努めていることがうかがわれる。また、「始聞仏乗義《しもんぶつじょうぎ》」は「建治四年太才戊寅二月廿八日」（昭定一四五四頁・御書九八二頁）と記し、「諸人御返事」には「弘安元年三月廿一日」（昭定一四七九頁・御書一二八四頁）とあるように、正確に元号を書き分けているのである。

ここでは文応元年の「立正安国論」提出の翌年に、伊豆流罪となったことをわかりやすく伝えるために、弘長元年と知りながらあえて文応二年としたのであろう。

8

釈迦御所領御書《しゃかごしょりょうごしょ》（断簡九二他）

〈断簡九二〉

王これをもちゐず。仏、地神天神《ちじんてんじん》を証人として論《ろん》じかた《勝》せ給《たまい》たりき。さればこの世界は我等が本師釈迦如来《ほんししゃかにょらい》の御所領なり。されば四衆《ししゅ》ともに仏弟子なれども、優婆塞《うばそく》・優婆夷《うばい》は仏弟子なれども外道《げどう》にもにたり。比丘《びく》・比丘尼《びくに》は仏の真子《しんし》なり。されば大悲経《だいひきょう》には大梵天《だいぼんてん》・第六天《だいろくてん》・帝釈《たいしゃく》・四大天王《しだいてんのう》・人王等、是《これ》を天にめし《召》て、三千大千世界《さんぜんだいせんせかい》を次第《しだい》にゆづり給《たまい》て云《いわく》、この　是　昭定なし

世界を領知《りょうち》して我真子比丘比丘尼を供養すべき由《よし》をとき《説》

給《たまい》き。爾時《そのとき》、梵天・帝釈等仰《あおい》で仰《おおせ》に随《したがい》にき。又仏、正直捨方便《しょうじきしゃほうべん》の法華経の譬喩品《ひゆほん》に云《いわく》、「今此三界皆《いまこのさんがいはみな》

以下　断簡一六三　御書「釈迦御所領御書」一二九七頁

是我有其中衆生悉是吾子《これわがうなりそのなかのしゅじょうことごとくこれわがこなり》」等云云《うんぬん》。この文のごとくならば、この三界《さんがい》は皆釈迦如来の御所領《ごしょりょう》なり。寿量《じゅりょう》品云《ほんにいわく》、「我常在此娑婆世界《われつねにこのしゃばせかいにあり》」等云云。この文のごとくならば、乃往《ないおう》過去五百塵点劫《ごひゃくじんてんごう》よりこのかた、此娑婆世界は釈迦如来の御進退《ごしんたい》の国土なり。其上仏滅後《そのうえほとけめつご》一百年に阿育《あいく》大王《だいおう》と申王《もうすおう》を《在》はしき。此《こ》の南閻浮提《なんえんぶだい》を三度まで僧に付属《ふぞく》し給《たまい》き。又此《またこの》南閻浮提の内大日本国《だいにほんこく》をば、尸那《しな》国の南岳大師《なんがくだいし》、此の国上宮太子《くにのじょうぐうたいし》と生《うまれ》て、この国の主《あるじ》となり給《たまい》き。しかれば聖徳太子已後《しょうとくたいしいご》の諸王は皆南岳大師の末葉《まつよう》なり。桓武天王已下《かんむてんのういか》の諸王は又山王《さんのう》

【述作年代】文字から、文永年間初期（一二六四―六年）と推定した。否定の助動詞「ず」を「寿」をくずした変体仮名で書くのは、文永初期までの特徴である。

【解説】〈真4―89〉〈昭定　断簡九二〉と「釈迦御所領御書」〈真4―89〉〈昭定　断簡一六三〉〈御書一二九七頁〉この二つの断簡は明らかにつながっている。

内容として注目したいのは、いわゆる「釈迦御領説」が述べられていることである。同様の表現として、文永六年（一二六九年）あるいは七年（一二七〇年）とされる「法門申さるべき様の事」の「此の国は釈迦如来の御所領」（昭定四四七頁・御書一二六七頁）と、真筆は存在しないが建治三年（一二七七年）の「弥三郎殿御返事」の「今此の日本国は釈迦仏の御領なり」（昭定一三六六頁・御書一四四九頁）とがある。

9

臨終悪相《りんじゅうあくそう》の事（断簡二〇〇他）

〈断簡二〇〇〉

文《もん》はと《説》かれたれども、実《じつ》には諸行《しょぎょう》は往生《おうじょう》せずと料《りょう》簡《けん》したりけり。この二義世間《せけん》にひ《広》ろまりけるほどに、法華経等は一部八巻よ《読》むもよ《弥》だ《猛》けし、真言の観念《かんねん》大事なり、一念は但《ただ》南無阿弥陀《あみだ》仏《ぶつ》と申せばや《易》すし。させる功労《くろう》をも入《いれ》ざる故に、在家《ざいけ》の諸人《しょにん》は一向称名念仏《いっこうしょうみょうねんぶつ》になりぬ。自然《じねん》に法《ほう》然《ねん》が義つ《強》をりて多勢《たぜい》になるほどに、を《大》をぜ《勢》いにを《落》とされて、法華経・真言等を行《ぎょう》じつる人々も、自義《じぎ》

よたけ也→よだけし

をすて《捨》て法然《ほうねん》が義をならいまねび《習学》、心よせ《寄》にをもい《思》、久修聖行《くしゅしょうぎょう》の法華経等をすて《捨》ゝ三万・六万等の念仏者になりぬ。結句《けっく》はことに、天台・真言人々、法華経をすて《捨》て念仏になる証人《しょうにん》となれるなり。こゝに第一の不思議あり。法然が一類《いちるい》の一向《いっこう》の念仏者、法然・隆観《りゅうかん》・上光《じょうこう》・善慧《ぜんえ》・南無《なむ》・薩生《さっしょう》等、或□□は二七日《になのか》無記《むき》にて死者《しぬるもの》もあり。或は悪瘡《あくそう》、或は血をはき、或は遍身《へんしん》にあつき《熱》あせ《汗》をながし《流》、総じて法然が一類八十余人、一人も臨終《りんじゅう》よき《良》ものとてなし。又一向専宗《いっこうせんしゅう》の念仏者もちうる《用》在

〈断簡五〇―一〉

者の中に臨終のあてがたなくものせうせう《少々》いでき《出来》たる。ここに人すいし《推》をもう《思》。信施《しんせ》をもい《思》て念

上光は聖光《しょうこう》か

仏を申《もうす》が臨終のあしき《悪》やらんなんどをもう《思》程に、
一向信施《いっこうしんせ》をたち《断》、童男女《どうなんにょ》等をすて《捨》て山林にこも《籠》
りゐて、名利《みょうり》名聞《みょうもん》等をたち《断》ちて　一向に念仏を申《もうす》人
の中に、こと《殊》に臨終のあしき《悪》人々又これをほし《多》。
この時、信施をもい《思》て臨終のわろき《悪》やらんの疑《うたがい》又
やぶれ《破》ぬ。進退《しんたい》きわまり《極》てあれども、いかなる故
という《言》事をしらず。例《れい》せば提婆《だいば》・善星《ぜんしょう》・瞿伽梨《くぎゃり》・苦《く》
得尼犍《とくにけん》等の人々、或《あるい》は仏弟子なるもあり、或は外道《げどう》
なるもあり、或は二百五十戒を持《たもち》、四禅定《しぜんじょう》をえ《得》、欲界《よっかい》
の貪瞋癡《とんじんち》等を断《だんじ》、或十二部経をそら《空》にし、
或は六万八万法蔵《ほうぞう》をうかべ《浮》たりし人々、或は
生身《しょうしんに》大地われ《割》て無間地獄《むけんじごく》に堕《おち》、或は死《し》して食《じき》
吐鬼《とき》となりなんどせしかども、彼の所化《しょけ》の弟子どもは、

わろき→あしき
わろき→のあしき
例ば→例せば

すべて我師地獄《わがしじごく》に堕《おつ》とわし《知》らず、但得道《ただとくどう》の人なんめりとわを《思》もいしなり。又心に疑臨終《うたがうりんじゅう》のさ□□なきはいかにとを《思》もう。此《ここ》に仏のの《宣》たまわく、此等は皆《みな》無間《むけん》地獄に堕《おち》たりと。彼等が所化《しょけ》の弟子等

〈断簡五〇―三〉

法華経を入事《いるること》をば、伝教大師あながちに謗法《ほうぼう》の者とこそ定給《さだめたま》へ。而《しかるを》華厳《けごん》・深密《じんみつ》・般若経《はんにゃきょう》等だにも及《およば》ざる観経《かんぎょう》の読誦大乗《どくじゅだいじょう》の内に法華経ををさ《納》むべしや。

此の義をわ《弁》きまえざる故《ゆえ》、天台・真言の人々も行《ぎょう》は諸行《しょぎょう》にわ《渡》たれども、心は一向《いっこう》の念仏者なり。かるがゆへに謗法の者となりて臨終はを《思》もうさ《様》まならず。在家《ざいけ》の無智下賤《むちげせん》のもの并《ならびに》悪人が臨終のあてがたなるは、又《また》下賤なる故にい《甚》たう謗法の念仏者をも供養《くよう》せず。

る↓而

悪人なる故、謗法の念仏者にも近《ちかづ》かず。但《ただ》あるほどに先の世に五戒《ごかい》を持《たもっ》て人間生《にんげんにうまれ》たり。自然《じねん》に堂寺《どうじ》なんどをもめ《目》にみ《見》、一年・十年等の内にも如法経《にょほうきょう》なんどの縁《えん》をもむすび《結》、父母なんどのけう《孝》やう《養》の心もあるかの故、生死《しょうじ》をはなるる《離》までこそなけれども、人天《にんてん》の果報《かほう》をうる《得》かの故に臨終あてがたなるなり。譬《たと》へば将門《まさかど》・貞任《さだとう》なんどは謀反《むほん》のものなりしかども、かれ等が領内《りょうない》の百姓《ひゃくしょう》はいたう《甚》とが《科》もなければ、ことごとく打事《うつこと》もなし。郎従《ろうじゅう》なんども大将軍亡後《なきのち》はいたう《甚》たづね《尋》られず。謗法も又かくのごとし。これをもちて一切心《こころ》う《得》べし。

我↓かれ

【述作年代】文字から、文永年間初期（一二六四―六年）と推定した。

【解説】〈昭定　断簡二〇〇〉〈五〇―一〉〈五〇―三〉を同一書としてつなげた。『日蓮聖人真蹟集成』では、順番に〈真5―51〉〈真5―53〉〈真5―55〉である。

断簡二〇〇は、対念仏に対して「法華経・真言」や「天台・真言」のほうが勝れているとある。この記述は文永初期以前に散見される。法然の弟子たちの名前を列記し、その臨終の悪相を述べているのは、文永元年（一二六四年）の「当世念仏者無間地獄事」（昭定三七・御書一〇四頁）の内容と符合する。

断簡五〇―一は、臨終の様相が主題になっている。特に念仏者の臨終の悪しき様相について述べられている。

断簡五〇―三は、念仏に対して「天台・真言」のほうが勝れているとあり、これは断簡二〇〇の内容とも通じるものがある。また、臨終の様相についても言及され、「あてがた」（上品な様相）という表現は断簡五〇―一にも用いられている。

解読の上からは、三行目の「よだけし」を昭定では「よたけ也」と読んでいるが、これは「也」ではなく「し」である。「よだけし（弥猛し）」は、ぎょうぎょうしい・おっくうだなどの意味があり、ここでは、法華経を読むのはめんどうくさいという意味で解釈するのが適切である。

10

十喩《じゅうゆ》の事（断簡二二三）

（一紙上段）やすき《易》ことぞかし。この経を一四句偈供《シクケク》養《ヤウ》せんことは、又《また》十のたとえあり。一切の江河《カウカ》のもろもろの水《ミツ》の中には大海第一なり。一切の山の中には須弥山《スミセン》第一なり。一切のひかり《光》あるもの

をば→ことは

には日輪《にちりん》第一なり。
（一紙下段）一切の王の中に大梵《だいぼん》
天王《てんのう》第一なり。この
経は一切の経の中には
第一なり。この経を
けち《結》えん《縁》せん人は
諸人《しょにん》のなかには大海
のごとくひろ《広》く、須《ス》
弥《ミ》山のごとくたか《高》う、
日月のごとくあき《明》ら
かなるべし。もし
女人ありてこの
（二紙上段）あつはり給《たまい》しを《多》を

ルビのりんは他筆

くの仏、多《タ》宝《ホウ》仏・釈迦牟《ム》尼《ニ》仏、一々の仏舌《ほとけした》をいだして梵《ホン》天につけ《付》たりしは、をへただし《夥》かりしことなり。このした《舌》をいだし《出》給《たまう》ことはかみ《上》の一々の不思《シ》議《キ》のことどもまことなり。

(二紙下段)　いうしようこ《証拠》なり。舌は不《フ》妄《マウ》語《コ》戒のちか《カ》らなるゆ

へなり。ことにこの
ふみ《文》は女人のをん《御》た
めにしる《記》すことに
候へば、かみ《上》のだいば《提婆》
品に竜女《りゅうにょ》が須臾《スユ》
に仏になりたり
しこともこの品に
してうたが《疑》

【述作年代】文字から、文永年間初期（一二六四―六年）か、それ以前と推定した。

【解説】〈真5―47〉〈昭定　断簡二二三〉

片仮名のルビは他筆によるもので、そのまま表記した。二紙からなり、両方ともおよそ縦二十八センチメートル、横二十二センチメートルで上段と下段に書かれている。もとの形態は折紙で、後にそれを切って、同じ向きに上下に並べて貼り合わせている。第一紙・二紙とも他筆による片仮名ルビがあるので同一の御書と考えてよいが、第一紙と二紙の文はつながっていない。

内容は、法華経薬王品《やくおうほん》に説かれる十喩《じゅうゆ》のことが述べられている。法華経が最勝の教えであることを、大海が第一であるように、須弥山《しゅみせん》が第一であるように、日輪が第一であるように等々の十喩を挙げ、その法華経に帰依《きえ》する女人も第一となることを述べている。

「ことにこのふみは女人のをんためにしるす」（第二紙下段）とあり、女人成仏についても言及しており、女性信徒への消息である。

11

不軽《ふきょう》・覚徳《かくとく》の事（断簡二九一）

法華経の御《おん》かたき《敵》となり、阿弥陀仏《あみだぶつ》の□□□、
釈迦・十方《じっぽう》の仏の御かたきなりとしろ《知》しめせ。
法華経誹謗《ひぼう》の国には、不軽菩薩《ふきょうぼさつ》のごとく、覚《かく》
徳比丘《とくびく》のごとく

【述作年代】全体的な筆跡から、文永期初期のものと推定した。

【解説】〈真5―211〉〈昭定　断簡二九一〉

「た」を変体仮名の「さ」としている。この字の使用は建治・弘安期には見られない。「阿弥陀仏の」以下を昭定は「御かたき」としているが、そうは読めないし、意味

も通じない。

ただ、本書で注目すべきは不軽菩薩と覚徳比丘を並べて記していることである。不軽菩薩は「唱法華題目抄」（昭定二〇四頁・御書一四頁）に強《し》いて法華経を説く菩薩として取り上げられ、覚徳比丘の説話は「立正安国論」（昭定二二二頁・御書二八頁）に謗法《ほうぼう》を禁ずるくだりで引用されている。

12

宿屋《やどや》入道《にゅうどう》再《さい》御状《ごじょう》

去《い》ぬる八月の比《ころ》、愚札《ぐさつ》を進《まいら》せしむ《令》るの後、今月に至《いた》るも是非《ぜひ》に付けて返報を給《たま》わらず。鬱念《うつねん》散じ難《がた》し。怱々《そうそう》の故に想亡《そうぼう》せしむ《令》るか。軽略《けいりゃく》せら《被》るるの故に、□一行を慳《おし》むか。本文に云《いわ》く、「師子《しし》は少兎《しょうと》を蔑《あなど》らず大象《だいぞう》を畏《おそ》れず」等云云《うんぬん》。若《も》し又万が一、他国の兵、此の国を襲《おそ》うの事出来《しゅったい》せば、知りて奏《そう》せざるの失《とが》、偏《ひとえ》に貴《き》辺《へん》に懸《かか》るべし。仏法を学ぶの法は、身命《しんみょう》を捨てて国恩に報ぜんが為《ため》也。全く自身の為に非《あら》ず。本文に云く、「雨を見て

竜を知り、蓮《はちす》を見て池を知る」等云云。災難《さいなん》急を見るの故に度々之《たびたびこれ》を驚かす。用いざるに而《しか》も之《これ》を諫《いさ》む。強

強以下　欠

【述作年代】文永五年（一二六八年）冬頃。

【解説】〈真4―90〉〈昭定五一〉原文は漢文体。

日蓮は、文永五年閏《うるう》正月に蒙古からの牒状《ちょうじょう》が届いたのを機に、幕府をはじめ有力寺社に対して諫暁《かんぎょう》の書状を送っている。日蓮は北条時頼の子である時宗に対しても「立正安国論」の提出を試み、その仲介に当たったのが時宗の被官《ひかん》であった宿屋入道であった。

冒頭に八月に宿屋入道に手紙を送ったとあるのは、八月二十一日付の「宿屋入道への御状」（昭定五〇・御書一六九頁）を指している。ここでも「其の後は書・絶えて申さず不審極り無く候」（昭定四二四頁・御書一六九頁）とあり、宿屋入道は得宗《とくそう》家《け》（北条本家）の被官というむずかしい立場にあったためか、軽々に動けない様子が伝わってくる。

本書でも、八月の催促状に対しても依然返事がないので、日蓮は身命を賭けてい

るとの決意を伝え、宿屋入道に対しても、他国侵逼《しんぴつ》の難が迫っているのに「知りて奏《そう》せざるの失《とが》、偏《ひとえ》に貴辺に懸るべし」とまで言い切っている。事は重大かつ差し迫っており、そのことをしっかり認識してほしいと念押しするために再度送ったのが本書である。

結局、時宗への「立正安国論」提出は実現することはなかった。そればかりか、幕府は日蓮の教団の発展に危機感をもち、迫害の度合いを高めていく。

13

故《こ》最《さい》明《みょう》寺《じ》入《にゅう》道《どう》見《げん》参《ざん》御書

寺々を挙《あ》げて、日本国中 旧《きゅう》寺《じ》への御帰依《ごきえ》を捨てしめ《令》んが為なり。天魔《てんま》の所為《しょい》為《た》るの由《よし》、故最明寺入道殿に見参《げんざん》の時、之《これ》を申す。又、立正安楽論之を挙ぐ。総じて日本国中の禅宗《ぜんしゅう》・念仏宗《ねんぶつしゅう》

楽は国か

【述作年代】文永六年（一二六九年）から八年（一二七一年）。内容からは、文永五年（一二六八年）、蒙古の牒状《ちょうじょう》が到来し、幕府・有力寺社への諫暁《かんぎょう》を行う中で書かれたものと考えられる。

【解説】〈真4—98〉〈昭定七一〉　原文は漢文体。

この文のとおりなら、日蓮は北条時頼（故最明寺入道）に直接会っていることになる。そうであれば、日蓮の生涯を語る上でもきわめて重要な意義をもつ。

漢字で五十字の断簡だが、前も後も欠けており、意味がとりにくい文章である。北条時頼に見参した時、「新来の禅に肩入れし、旧来よりの寺院への帰依《きえ》を捨てさせようとしているのは、天魔の所為である」と告げたと記している。禅を天魔とするのは、不立《ふりゅう》文字を立てて経を軽視するゆえであることを、日蓮は御書の各所で述べている。

そして、「立正安国論」の提出に言及しているが（「立正安楽論」と書いているのがやや気になる）、これが時頼との会見の前か後かは不明である。「立正安国論」では、いうまでもなく禅宗批判はほとんど見られず、法然念仏批判が主調となっている。いずれにしても、この断簡からは、日蓮が時頼に会って、禅宗の誤りを堂々と主張したことがうかがえるのである。

14

四悉檀《ししつだん》の事（断簡二五〇）

仏滅後《ぶつめつご》九百年の論師也

天親《てんじん》　師子覚《しかく》の兄也

天竺名《てんじくめい》

阿僧祇耶《あそうぎや》

無着《むちゃく》菩薩《ぼさつ》造

摂論《しょうろん》

一　別時意趣《べつじいしゅ》

四意趣《しいしゅ》

二　別義意趣《べつぎ》

三　平等意趣《びょうどう》

四　衆生楽欲意趣《しゅじょうぎょうよく》

竜樹菩薩造《りゅうじゅぼさつ》

仏滅《ぶつめつ》八百年に出《い》づ

大論《だいろん》
一　世界悉旦《せかいしつだん》　随楽欲《ずいぎょうよく》
二　為人悉旦《いにん》　生善《しょうぜん》
四悉檀《ししつだん》　三　対治悉旦《たいじ》　破悪《はあく》
四　第一義悉旦《だいいちぎ》　入理《にゅうり》
勝鬘経《しょうまんぎょう》に云《いわ》く　摂受《しょうじゅ》
折伏《しゃくぶく》

【述作年代】文字からは、文永七年か八年ごろ（一二七〇—七一年）と推定。

【解説】〈真5—49〉〈昭定　断簡二五〇〉原文は漢文体。

本書は、西山本門寺蔵《にしやま》の「一代五時鶏図《けいず》」（昭定二三四二頁・御書六三二頁）の真筆第十三紙の裏に書かれているものである。おそらく文永八年（一二七一年）、竜の口の法難以前に鎌倉の草庵《そうあん》で、弟子たちに「一代五時鶏図」の講説をする際に使用された裏文書であろう。

内容からは、無著の摂論（「摂大乗論《しょうだいじょうろん》」）における四意趣と竜樹の「大智度論《だいちどろん》」における四悉檀を挙げ、これと勝鬘経の摂受・折伏とを関連づけていることがうかがえる。本書の内容を文章化したと思われるものが「顕謗法抄《けんほうぼうしょう》」である（最近の研究では「顕謗法抄」は文永八・九年のころの述作とされている）。ここには「摂論の四意趣・大論の四悉檀等は無著菩薩・竜樹菩薩・滅後の論師として法華経を以《もっ》て一切経の心をえて、四悉・四意趣等を用いて、爾前の経経の意を判ずるなり。未開会《みかいえ》の四意趣・四悉檀と開会の四意趣・四悉檀を同ぜば、あに謗法にあらずや。此等をよくよくしるは教をしれる者なり」（昭定二七二頁・御書四五九頁）とある。

この一節は「顕謗法抄」が弘教の用心（弘通する上での規範）として、教・機・時・国・教法流布の先後を挙げる中で、「教」について述べる段にあるが、本書では、弘教する上で四悉檀と摂受・折伏が並記されていることは興味深い。

15 直垂《ひたたれ》御書

もし人々志ざしなんどあるならば、この三人のわらは《童》がひたたれ《直垂》・ぬの《布》のこそで《小袖》なんどのした《支》く《度》せさせ給べし。事かけて候わば、かたびら《帷子》てい《体》のものなり。大進《だいしん》の阿闍梨《あじゃり》等にいゐ《言》あわ《合》せて、ひたたれ《直垂》よきものには、

さし↓ざし

かたびら《帷子》・ぬのこそで《布小袖》
三人して計《ばかり》あわせ給《たまえ》。

以下四行端書き　追申として冒頭から文末へ移動した

この御ふみ、
人にきか《聞》
せ給《たまう》べから
ず候。

【述作年代】文永七年（一二七〇年）か八年（一二七一年）ころか。

【解説】〈真4―187〉〈昭定一三三三〉

だれに与えられたのかは不明だが、下総《しもうさ》地域の担当であった大進阿闍梨を通して、三人の子どものために帷子《かたびら》・布小袖《ぬのこそで》などの支度を命じているので、富木常忍《ときじょうにん》周辺の門下への賜書《ししょ》と思われる。大進阿闍梨についての記述は文永期に集中しており、その死去は弘安元年（一二七八年）である。

16

御《おん》衣《ころも》布《ぬの》給《たび》候《そうろう》御返事

御衣布《おんころもぬの》
給候了《たびそうらいおわんぬ》。
この御ぬの《布》
は一物《いちもつ》の御
ぬのにて候。
又十二いろ《色》は
たぶやかに
候。御心ざし
の御事は

一切→一物

たふやか→たぶやか

いまにはじ
めぬ事に
候へども、
とき《時》にあた《当》り
てこれほどの
御心ざしはあ
りぬとも
をぼ《覚》へ候は
ず候。かへ《返》すがへす
御ふみ《文》には
つ《尽》くしが《難》
たう候。恐々謹言
乃時《ないじ》

恐々→恐々謹言

御返事　（花押）

日蓮

【述作年代】花押から、文永七年（一二七〇年）か八年（一二七一年）と推定。

【解説】〈真5—74〉〈昭定四三五〉　紙を横長半分に切ってつなげた形で現存する。

麻布で織った十二色のゆったりとした衣布のご供養に対して、「これほどの御心ざしはありぬともをぼへ候はず候」と感激の思いを綴《つづ》っている。「乃時《ないじ》」とあるから、すぐに筆をとって返事を書かれた様子が伝わってくる。一物はすぐれている逸物のことか。

解読の上からは、昭定の「恐々」を「恐々謹言」と直した。これについては、本書九八ページで解説しているので参照されたい。

17

良観《りょうかん》の事（断簡三九）

人、二百五十戒の諸僧数十万人を集め、八万法蔵《はちまんほうぞう》を読むと雖《いえど》も、何《なん》ぞ一雨《いちう》をも下《ふ》らさざる。竜王《りゅうおう》の慳貪《けんどん》か。諸仏の妄語《もうご》か。良観上人《りょうかんしょうにん》の身《しん》・口《く》は仏弟子に似《に》ると雖も心は一闡提人《いっせんだいにん》為《な》るか。

【述作年代】文永八年（一二七一年）七月か八月と推定した。

【解説】〈真5—148〉〈昭定　断簡三九〉原文は漢文体。

内容からは良観による祈禱《きとう》が失敗した七月四日以降、九月十二日の竜の口の法難以前に書かれた可能性が高い。おそらく七月八日の「行敏《ぎょうびん》初度の難状」（昭定八三・御書一七九頁）、七月十三日の「聖人御返事」（同）のやりとりの中で、行敏を表に立てて日蓮を幕府に訴え出た良観側への対抗手段として、幕府向けに用意したものであろう。「良観上人」という表現がそれを物語っている。

「数十万人」とは大袈裟《おおげさ》な感もあるが、良観が相当数の僧を集めて必死の雨乞いをしたのであろう。「種種御振舞御書」では「二百五十戒の人々・百千人」（昭定九六五頁・御書九一二頁）とある。

18

夢想《むそう》御書

文永九年太才壬申十月廿四日□《の》夢想に云《いわ》く、来年正月九日、蒙古《もうこ》、月相国を治罰《ちばつ》為《せ》んと大小向うべし等云云《うんぬん》。

自↓月

【述作年代】文永九年（一二七二年）。「十月廿四日の夢想」とあるので、その日の覚え書きと考え、文永九年とした。

【解説】〈真6―364〉〈昭定一一一〉原文は漢文体。

日興の「立正安国論」写本の裏に書かれている。

内容は、日蓮が文永九年十月二十四日に見た夢のことが書かれている。これによると、翌年の正月十九日に蒙古が日本を治罰するために大小の軍勢を差し向けると解釈できる。解読の上からは「自相国」と読むか「月相国」と読むか、むずかしい。

この字はやはり「月」であろう。しかし、「月相国」が日本を意味する用例は見つからない。「自」と解読して「相国よ（自）り」と読んで、相国を相模《さがみ》国と考え、鎌倉幕府第八代執権、相模守《さがみのかみ》・北条時宗が、先手を打って逆に蒙古に出兵しようとしていたと解釈するのは無理があると思う。

19

妙一尼《みょういちあま》御返事

妙一比丘尼《びくに》まいらせ候《そうろう》　日蓮　　この一行　上封

（一紙）滝王丸之《たきおうまるこれ》を遣使《けんし》す。

昔、国王は自身を以《もっ》て床座《しょうざ》と為《な》し、千才《せんざい》の間、阿私仙《あしせん》に仕《つか》へ奉《たてまつ》り、妙法蓮華経の五字を習《なら》い持《たも》つ。今の釈尊是《これ》也。今の施主《せしゅ》妙一比丘尼は貧道《ひんどう》の身を扶《たす》けんとして小童に命じて、之を使《つかい》として法華経の行者に仕へ奉る。彼《かれ》は国王、此《これ》は卑賤《ひせん》、彼は国に

畏《おそ》れ無し、此は勅勘《ちょっかん》の身、此は末代の
凡女《ぼんにょ》、彼は上代《じょうだい》の聖人也。志《こころざし》既に
彼に超過《ちょうか》せり。来果《らいか》何ぞ斉《さい》
（二紙）等《とう》ならざらんや。斉等《さいとう》ならざらんや。
弁殿は今年は鎌倉に住《じゅう》し、
衆生《しゅじょう》を教化《きょうけ》するか。

恐々謹言

卯月《うづき》二十六日

日蓮 （花押）

さじき

妙一尼御前

くりかえしの表記あり

【述作年代】文永九年（一二七二年）あるいは文永十年（一二七三年）。

花押からは文永九年。「佐渡御書」（同三月二十日）に記される厳しい幕府の監視がやや和《やわ》らいだかのように、弁殿《べんどの》（日昭）の教化活動に言及しているので、文永十年の四月とも考えられる。


【解説】〈真4―122〉〈昭定一二一〇〉原文は漢文体。

さじきの尼と妙一尼が同一人物であることがわかる。さじきの尼は「佐渡御書」の冒頭にあるように、四条金吾とともに鎌倉の門下の中心者であった。したがって、日蓮からは鎌倉の女性信徒の代表と見なされていた。

国王と阿私仙《あしせん》の故事については、文永九年、本書とほぼ同時期の消息である「日妙聖人御書」にも、「昔の須頭檀王《すずだんのう》は妙法蓮華経の五字の為に千歳《せんざい》が間・阿私仙人にせめつかはれ（供養しての意）身を床となさせて給いて今の釈尊となり給う」（昭定六四四頁・御書一二一五頁）と記されている。国王（須頭檀王）を「彼」とし、妙一尼を「此」として対比させながら、「卑賤」であり「勅勘の身」であり「末代の凡女」である妙一尼が、「貧道の身」である日蓮を扶《たす》けんために滝王丸を遣《つか》わした志は、彼の国王に超過していると称えている。

この中で「勅勘の身」とあり、妙一尼も竜の口の法難の時、鎌倉の門下の中心者の一人として何らかの処罰を受けたようである。「小童」を佐渡の日蓮のもとへ送ったとあるが、「妙一尼御前御消息」には、「さどの国と申しこれと申し下人《げにん》一人つけられて候は・いつの世にかわすれ候べき」（昭定一〇〇一頁・御書一二五四頁）とあり、佐渡でも身延でも従者を遣わして日蓮を支えていることがわかる。

なお、冒頭の「妙一比丘尼まいらせ候　日蓮」との表記は、上封といって消息を包んだ上紙《うわがみ》に書かれたもので、本文とは別扱いの表記となる。

20

正《しょう》当《とう》此《し》時《じ》御書

正《まさ》しく此の時に当たる。而《しか》るに随分《ずいぶん》の弟《で》
子《し》等に之《これ》を語るべき《可》と雖《いえど》も、国難・
王難・数見の難等重々
来たるの間、外聞《がいぶん》の憚《はばか》り
之を存し、今に正義を宣《の》べず。
我弟子等定めて遺恨《いこん》有らん
か。又抑《そもそも》時の失之《とがこれ》有る故、
今粗之《ほぼこれ》を注《しる》す。志《こころざし》有らば
度々《たびたび》之を聞き、其《それ》を終て後、

数度→数見

減は咸《ことごと》くか

之《これ》を送れ。減三度を以《もっ》て限りと為《な》し聴聞《ちょうもん》を為《な》すべ《可》し。其《そ》の後

【述作年代】

文永九年（一二七二年）あるいは文永十年（一二七三年）。文字と内容から佐渡期とした。

【解説】

〈真4—129〉〈昭定一二二〉　原文は漢文体。

三行目は「数見」（解読はウェブサイト興風談所「御書システム」http://www5f.biglobe.ne.jp/~goshosys/index.html のコラム［二〇一四年一月］による）とは読めても、「数度」とは読めない。法華経勧持品《かんじほん》第十三の「数数見擯出《さくさくけんひんずい》」の省略であろうか。とすれば、しばしば所を追われる意から「数見」を流罪の法難と捉えていることになる。「数々《しばしば》擯出せられん。数々とは度々《たびたび》也。日蓮擯出は衆度、流罪は二度也」（「寺泊御書」昭定五一四頁・御書九五三頁　文永八年十月）、また文永九年二月の「開目抄」にも「誰の僧か数数見擯出と度度ながさるる」（昭定五九八頁・御書二三〇頁）とあり、門下

にもこの一節を重ねて説いていたようである。

内容からは、いよいよ正義を語る時が来たとして、それを披露したので、「志有らば度々之を聞き、其を終て後、之を送れ。咸《ことごと》く三度を以て限りと為し聴聞を為すべし」と三度はくり返し読み、次の門下へ送るように指示している。「正義」が何であるか前後が欠けているため確定はできないが、通説では「観心本尊抄」のこととされている。

しかし、「此の書は難多く答少し未聞《みもん》の事なれば人耳目《じもく》を驚動《きょうどう》す可《べ》きか、設《たと》い他見に及ぶとも三人四人坐を並べて之を読むこと勿《なか》れ」（昭定七二一頁・御書二五五頁原文は漢文）と書かれており、「観心本尊抄」に比定《ひてい》することは無理がある。あるいは「一一に見させ給べき人人の御中へなり」（昭定六一〇頁・御書九五六頁）、「此《この》文《ふみ》を心ざしあらん人人は寄合《よりあう》て御覧じ料簡《りょうけん》候《そうらい》て心なぐさませ給へ」（昭定六一八頁・御書九六一頁）と記された「佐渡御書」のことを指しているのだろうか。

いずれにしても、不十分な情報伝達手段しかない当時にあって、日蓮の教えを門下全体に伝える一つの方途《ほうと》が示されているのは興味深い。たとえ場所は離れていても、門下の間の連携態勢がいざというときには機能するように図られていたのである。

21

土木殿御返事《ときどの》

（第一紙は「越州嫡男并妻尼事」昭定四一四）

（一紙）南無妙法華経　　この行　他筆か

九月九日の鴈鳥《ふみ》、同十月廿七《にじゅうしち》

日、飛来仕り候了《ひらいつかまつりそうらいおわんぬ》。抑《そもそも》越州《えっしゅう》の嫡男《ちゃくなん》、

并《ならび》に妻尼《さいに》の御事《おんこと》、是非《ぜひ》を知らざれども、　　並びに→并に

此《こ》の御一門の御事なれば、謀反《むほん》よりの外《ほか》は

異島流罪《いとうるざい》は過分《かぶん》の事か。

ハタ《将》又四条三郎左衛門《ざえもん》　　将→ハタ

尉《じょう》殿の便風《たより》、今に参《まい》り付かざる

の条《じょう》、何事ぞや。定《さだ》めて三郎
左衛門尉殿より申旨《もうすむね》候か。
伊予殿《いよどの》の事、存外の性情《せいじょう》、
智者也。当時学問隙《いとま》無《な》く
（第二紙は「土木殿御返事」昭定一三二一・御書九六四頁）
（二紙）仕《つかまつり》候《そうろう》也《なり》。褒美《ほうび》に非《あら》ず、実《まこと》に器量《きりょう》
者《もの》也。来年正月、大進阿闍《だいしんあじゃ》
梨《り》と越中《えっちゅう》に之《これ》を遣《つか》わし去るべ《可》し。白小《しろこ》
袖《そで》一つ給《たび》候《そうらい》了《おわんぬ》。今年日本国
一同に飢渇《けかち》の上、佐渡の国には七月七日
已下《いげ》、天より忽《たちま》ちに石灰虫《いしばいむし》と申す虫と、雨《あめ》下《ふ》りて
一時に稲穀損失《とうこくそんしつ》し了《おわんぬ》。其の上、疫々処々《えきえきしょしょ》に
遍満《へんまん》し、方々《かたがた》死《し》難《なん》脱《のが》れ難《がた》きか。

事々《ことごと》紙上《しじょう》に尽《つく》し難《がた》く候。恐々謹言

十一月三日

日蓮（花押）

土木殿《ときどの》御返事

【述作年代】文中の「佐渡の国には七月七日……」との表記と花押から、佐渡流罪中の消息であり、文永十年（一二七三年）と推定した。

【解説】第一紙は「越州嫡男并妻尼事《えっしゅうちゃくなんならびにさいにじ》」〈昭定四一四〉である。写真は『日蓮宗新聞』二〇〇三年四月二十日号に掲載されている。原文は漢文体。第二紙は「土木殿御返事」（昭定一三一・御書九六四頁）で、同じく漢文体である。

第一紙と第二紙は文章としてつながっている（これは同新聞の中尾堯《たかし》説による）。宮崎英修《えいしゅう》によれば、本書の内容にある越後守《えちごのかみ》の嫡男と妻尼が流罪になったとの記述を、『保暦間記《ほうりゃくかんき》』（保元《ほうげん》の乱から後醍醐《ごだいご》天皇が死去する暦応《りゃくおう》二年までの出来事を記した歴史書）の弘安四年の条にある越後守の息子が佐渡に流された事件に比定《ひてい》している

候　あるいは之か

が、本書の文字は文永期のものであり、この事件とはつながらない。

　内容からは、富《と》木《き》常忍《じょうにん》からの手紙が到着するのに四十日もかかっていること、四条金吾からの手紙はいまだに届いていないことが記され、流罪の身ということもあって通信手段が滞っていることがうかがえる。後に六老僧の一人となる伊予殿（日頂）については、この時佐渡におり、日蓮は伊予房を優秀な弟子と褒《ほ》めている表現が第一紙から二紙にわたって書かれている。伊予房は本書の宛先である富木常忍の後妻の連れ子でもあり、特に義理の父である富木常忍にそのことを聞かせたかったのであろう。また、伊予房を来年（文永十一年）正月に、大進阿闍梨とともに越中（富山県）へ典籍蒐集《しゅうしゅう》のため派遣すると述べている。

　なお、越中については、文永十二年三月述作とされる「曾谷《そや》入道殿許御書」の「風聞の如《ごと》くんば貴辺（曾谷教信《きょうしん》のこと）並びに大田金吾《おおたきんご》殿・越中の御所領の内並びに近辺の寺寺に数多《あまた》の聖教あり等云云、両人共に大檀那《だいだんな》為り所願を成ぜしめたまえ」（昭定九一〇頁・御書一〇三八頁　原文は漢文　真筆存）の一節にも記されている。これは曾谷教信と大田乗明《じょうみょう》の所領が越中にあり、その近辺の真言宗寺院にある密教関係の典籍の書写を要請する一節で、日蓮の本格的な真言破折への準備が始まっていたことを伝えている。

本書での伊予房の越中派遣の段階では、曾谷・大田とのつながりはないにしても、佐渡期の日蓮にとっては、著述執筆のため典籍の蒐集は必要不可欠であった。おそらく佐渡に近い場所として越中を選んだのであろう。それも正月に派遣するというのは、旧暦では春の始め（新春）であり、雪解けのころに向かわせようとしていたのである。

22

左衛門尉殿御返事《さえもんのじょうどの》（断簡八六）

なり。よくよくきこ《聞》しめ《召》すべし。

恐々謹言　六月六日　日蓮（花押）

恐々→恐々謹言【注】参照

左衛門尉殿御返事

【述作年代】花押から、文永年間末期（一二七三―四年）と推定。

【解説】〈真5―217〉〈昭定　断簡八六〉

「しっかりお聞きになるように」という内容しか伝わらないが、左衛門尉《さえもんのじょう》の官職をもつ門下が宛先になっている。真筆で明確に「左衛門尉」と記されている門下は、四条中務《なかつかさ》三郎左衛門尉と大田左衛門尉だけである。このうち単に「左衛門尉殿」と宛名に書かれているのは四条金吾だけなので、本書は四条金吾に与えられた可能性が高い。

なお、「左衛門尉」は幕府御家人としては一人前の武士として公的に認められる官職であり、幕府の推薦のもと多額の認定料を朝廷に献納することにより得られる官職であった。位階では従六位《じゅろくい》相当となる。

【注】恐々謹言について

これは書き止めの表現。書状の本文の結びに来る書き止め表現を集めた中世・近世の「書札礼《しょさつれい》」を見ても「恐々」は皆無《かいむ》である。日蓮の真筆では「〜」に近いくずしで、原形をとどめていない表記が多く見られる。従来、長目のくずしは「恐々謹言」、短めは「恐々」と区別してきたようだが、この解読方法は見た目の判断にすぎない。本書ではすべて「恐々謹言」として解読した。

23

未驚天聴御書《みきょうてんちょうごしょ》

之《これ》を申すと雖《いえど》も、未《いま》だ天聴《てんちょう》を驚かさざるか。事三箇《さんか》度《ど》に及ぶ。今、諫暁《かんぎょう》を止む可《や》べし。後悔《こうかい》を至《いた》す勿《なか》れ。

【述作年代】

文永十一年（一二七四年）、身延に入ったころの書と推定した。

【解説】〈真5―205〉〈昭定一四三〉原文は漢文体。

「三箇度」というのは三度の高名《こうみょう》のことであり、その三度目に当たる文永十一年四月八日の平頼綱《よりつな》など幕府首脳への諫暁《かんぎょう》後に書かれたものであろう。

「未だ天聴を驚かさざるか」とあるので幕府だけでなく、京都の朝廷へも諫暁の意思があったことがうかがえる。「強仁状御返事《ごうにんじょう》」に「今幸《さいわい》に強仁上人・御勘状《ごかんじょう》を以《もっ》て日蓮を暁諭《ぎょうゆ》す然《しか》る可《べ》くは此《こ》の次《つい》でに天聴を驚かし奉《たてまつ》つて決せん」（昭定一一二三頁・御書一八五頁）とあり、真言僧の強仁に対して朝廷に日蓮を訴えるよう促し、その上で法門の是非を決しようといわれている。

また、三度に及んだ諫暁を止めるとあることから、身延入山後、蒙古の襲来以前と絞り込める。しかし、蒙古の襲来が現実になって、日蓮はもう一度諫暁を決意する。それが30「立正安国論（広本）」作成へとつながっていくのである。

24 富木尼御前御返事《ときあまごぜん》

尼ごぜん鵞目一貫《がもくいっかん》、
富木殿青鳧《せいふ》一貫
給候了《たびそうらいおわんぬ》。
又帷《かたびら》一領
日蓮（花押）

【述作年代】花押から文永末年、内容から富木常忍《ときじょうにん》夫妻によるご供養に対する御礼なので、身延に入ってまもない文永十一年（一二七四年）と推定。

【解説】〈真4—143〉〈昭定一四六〉

夫婦別々に銭一貫文《ぜにいっかんもん》のご供養をしており、妻の尼御前を先に書いていることは興味深い。富木尼というより夫妻への賜書《ししょ》というべきである。

なお、「鵞目」も「青鳧」も銭貨《せんか》のことで、日蓮は他にも「あし《銭》」「鵞眼《ががん》」「鳥《ちょう》目《もく》」など、いろいろな表現を用いている。

25 合戦在眼前《かっせんざいがんぜん》御書

先の四箇条、既《すで》に経文の如《ごと》し。第五の闘諍堅固《とうじょうけんご》は末法の今に相当《あいあた》れり。随《したが》つて当世《とうせ》を見聞《けんもん》するに、闘《とう》諍《じょう》合戦眼前《かっせんがんぜん》に在《あ》り。之《これ》を以《もっ》て之を惟《おも》ふに、法□□□□□疑心

【述作年代】文永十一年（一二七四年）の書。「闘諍《とうじょう》合戦眼前《かっせんがんぜん》に在《あ》り」との表現から、文永十一年十月の蒙古襲来（文永の役）の報告を受けて書かれたものと推定した。

【解説】〈真4―135〉〈昭定一五五〉原文は漢文体。

「先の四箇条」が何を指しているかは不明。釈尊滅後の仏教流布の様相を示す「五《ご》

禅定堅固《ぜんじょう》」から第四「多造塔寺堅固《たぞうとうじ》」のことか。合戦眼前とあり、欠けている前段では、蒙古襲来の緊迫感の中で日蓮が強く警鐘を鳴らす内容が書かれていたと思われる。

26

已《い》今《こん》当《とう》の事

（断簡二四七）

法華経の第四に云《いわく》、

薬王《やくおう》今汝《なんじ》に告《つ》ぐ。我《わが》所説の諸経、而《しか》も此《この》経の中に於《おい》て、法華最第一《さいだいいち》なり。

爾《しか》る時に仏復《また》薬王菩薩摩訶薩《まかさつ》に告《つ》げたまわく、

我《わが》所説の経典、無量千万億《むりょうせんまんおく》にして、已《すで》に説き、今《いま》説き、当《まさ》に説かん。而《しか》も其《そ》の中に於て此の法華経、最も為《こ》れ難信難解《なんしんなんげ》なり。

嘉祥《かじょう》の義也

已説《いせつ》　華《け》・阿《あ》・方《ほう》・般若《はんにゃ》等

無量義経《むりょうぎきょう》
今説《こんせつ》　法華経
当説《とうせつ》　涅槃経《ねはんきょう》

已説　華《け》・阿《あ》・方《ほう》・般《はん》等
今説　無量義経
当説　涅槃経
三説《さんせつ》の外　法華経
天台の義也
妙教《みょうきょう》を貶作《へんざ》せんと欲《ほっ》す。毀《そ》り其《そ》の中に在《あ》り。
何ぞ弘讃《ぐさん》を成《な》せん。

【述作年代】文字から、文永年間末（一二七四年）から建治年間初期（一二七五年）と推定。

【解説】〈真5—73〉〈昭定　断簡二四七〉　原文は漢文体。

法華経の信解品《しんげほん》第四の已今当《いこんとう》の三説について、中国三論宗の嘉祥《かじょう》大師吉蔵《きちぞう》の配列を表記している。法華経が已経《いきょう》・今経《こんきょう》・当経《とうきょう》に入らず、それを越えているという考えを三説超過という。天台は「法華文句」において嘉祥の配立《はいりゅう》を批判しながら、この説を立てている。この考えは、ほぼ同時期の「法華取要抄」の一節「已今当の三字最も第一なり」（昭定八一一頁・御書三三二頁）とも通じている。

27

体《たい》曲《ま》がれば影《かげ》ななめなりの事（断簡五四他）

〈断簡五四―一〉

七

諍《あら》そひし時、仙経《せんきょう》等やけ《焼》にき。此の経□
経に対《たい》せざりし時は、萩《はぎ》につ《詰》
みこ《込》めてやき《焼》しに焼《やけ》ざりき
□□□□□やけぬるなり。
□□仙経は天竺《てんじく》にして焼亡《しょうぼう》に□
ては焼しぞかし。仏教の内にても
又々かくのごとし。華厳経《けごんきょう》は一権一《いちごんいち》

実一妄語《じついちもうご》一真実《いちしんじつ》。方等経《ほうとうきょう》は三権一実三妄語一真実。般若経《はんにゃきょう》は二権一実二妄語一真実。阿《あ》含経《ごんきょう》は出世間《しゅっせけん》の一権なり。世《せ》間《けん》に対すれば実語《じつご》なれども、仏教の中の妄語なり。大日経《だいにちきょう》・金剛《こんごう》頂経《ちょうきょう》・蘇悉地経《そしっちきょう》の両部《りょうぶ》の真言は三権一実三妄語□

〈断簡五四—二〉

八

一実語、法華経に対せば一切経一向《いっこう》妄語となるべし。而《しかる》を漢土《かんど》にては善《ぜん》無畏三蔵《むいさんぞう》、大日経の真言と法華経

は↓ば

とをば一義二経になしぬ。其上《そのうえ》に印《いん》と真言とを加《くわえ》て超過《ちょうか》と云云《うんぬん》。純円《じゅんえん》の法華経を帯権《たいごん》の大日経に混合《こんごう》しつれば、法華経かへて帯権の経となり、経王《きょうおう》、国に失《うしない》しかば世王《よのおう》又たへ《絶》て、或は大王、臣下にをか《侵》され、或は他国にあなづられ、やうやくすぐ《過》るほどに、禅宗《ぜんしゅう》・念仏宗《ねんぶつしゅう》等の邪法《じゃほう》かさ《重》なりて、終《つい》に主《ある》じなき国となりぬ。仏法は主体なり、□《世》法《ほう》は影響《ようごう》なり。体曲《たいまが》レば影《かげ》ななめなりといふは此《これ》なり。日本国は又桓武《かんむ》の御世《みよ》に

（第9紙欠）

は→ば

〈断簡五四―三〉

十

やうやく真言まさりになりて、座主《ざす》は真言座主になり給《たまい》ぬ。名は天台座主、所領は天台の所領、其人《そのひと》の能《のう》は真言なり。又真言かとを《思》もへば法華経の円頓《えんとん》の受戒《じゅかい》あり。鼠《ねずみ》にもあらず、へんぷく鳥《ちょう》にもあらず。法華経にもあらず、大日経にもあらず。きさきを民《たみ》の犯《おか》したるが太子《たいし》を生《うみ》たるがごとし。詮《せん》を論ずれば鳸鶝《かわほり》房是《これ》也。師子《しし》国《こく》と中国《もうすくに》は父は師子、母は人

すれは→ずれば

なり。これ国の始《はじめ》なるゆへに今にいたるまで彼国《かのくに》の人の心師子のごとし。漢日種国《かんのにっしゅこく》と申国《もうすくに》は唐土《とうど》の王女に日天《にってん》のあわせ給て

〈断簡二一〇〉

十一

うみたりし太子、今に其の子孫《しそん》なれば、漢日種国《かんのにっしゅこく》とて人の心かしこくいさぎよくあるなり。象国・馬国なんど申国《もうすくに》は人なれども其《それ》畜生の心あり。仏教も又かく

〈断簡五九〉

仏説にはあらず。今観経《かんぎょう》・阿弥

陀経等も仏説にはあらず。源《みなもと》を尋《たずぬ》れば華厳経《けごんきょう》

〈断簡一六〇〉

十二

あらず。阿含経《あごんきょう》こそ仏説にては候へども、又拙経《つたなききょう》なり。華厳経をとく《説》ほどの人の、阿含経をとかざるべきぞ。

〈断簡六二〉

十三

法華経こそ大覚世尊《だいかくせそん》、初《はじめ》てとかせ給《たまふ》法門なれば仏説の始《はじめ》なれ。大日経等と申《もうす》も詮《せん》を論ずれば仏説にはあらず。華厳経《けごんきょう》の法門なるゆへなり。

華厳宗が華厳経を根本法輪《こんぽんほうりん》と

申《もうす》は、法華経をだにも除《のぞい》て有《あら》ましかば、い《言》われたる事にて有《あり》。而《しかるに》天に列《れっし》まします今の日月衆星《にちがっしゅせい》も前四味《ぜんしみ》の間は、仏の御弟子《おんでし》にはあらず。初成道已前《しょじょうどういぜん》、華厳経の別円二教《べつえんにきょう》をさと《覚》りたりし人なり。総じて三千大千世界《さんぜんだいせんせかい》の天人竜神《てんにんりゅうじん》等の上首《じょうしゅ》たる人々は皆かくのごとし。本《もと》より他仏《たぶつ》に随《したがい》て別円二教を知《しり》たりしかども、応化応生《おうけおうしょう》と申て釈迦仏の行化《ぎょうけ》を助《たすけん》がた

【解読〈注〉】参照

【述作年代】文字からは建治年間、内容からは文永十一年（一二七四年）から建治二年（一二七六年）の間と推定。

【解説】第七紙〈昭定　断簡五四―一〉〈真5―112〉→第八紙〈断簡五四―二〉〈真5―113〉→第九紙欠→第十紙〈断簡五四―三〉〈真5―114〉→第十一紙五行〈断簡二一〇〉〈真5―115〉→第十一紙二行〈断簡五九〉〈真5―115〉→第十二紙三行〈断簡一六〇〉〈真5―115〉→第十三紙〈断簡六二〉〈真5―116〉の順番でつなげた。文字の書き様と内容から同一書と推定した。

文永十一年（一二七四年）の「法華取要抄」の「日月・衆星・竜王等初成道の時より般若《はんにゃ》経に至る已来《このかた》は一人も釈尊の御弟子に非ず此等の菩薩天人は初成道の時」（昭定八一三頁・御書三三四頁）と、本書の「今の日月衆星も前四味の間は、仏の御弟子にはあらず。初成道已前」（第十三紙）とは、ほぼ同じ表現、文意である。また、道教の聖典である仙経が焼けた話は、建治二年（一二七六年）の「報恩抄」（昭定一二二二頁・御書三二一頁）にある。

また、第八紙の「仏法は主体なり、世法は影響なり。体曲れば影ななめなり」の一節は、「仏法は体のごとし世間はかげのごとし体曲れば影ななめなり」（「諸経と法華経と難易の事」昭定一七五二頁・御書九九二頁）とほぼ同文であり、仏法を体とし、世法・世間を影・響きのように位置づける体用《たいゆう》論の展開を思わせる。あわせてよく味わいたいものである。

【解読〈注〉】「いわれたる事にて有《あり》。而《しかるに》天に列《れっし》まします今の日月衆星も」とした理由。

真筆では

いわれ
にて有而〉の天に列まします
たる事あり今日月衆星も

となっている。〉は「而」と「天」をつなげる記号と見るべきで、昭定のように「り」と読むことは誤りである。そもそも日蓮は「り」は書かない。このつなぎ記号は「断簡一七二」〈真5—109〉でも二行目の「此を」の前に「日蓮」を挿入する記号が書かれており、これとまったく同じである。したがって、昭定のように「いわれたる事にて有なり。今の天に列まします日月衆星も」とは読まない。

28

人々《ひとびと》御返事（断簡六五）

日蓮
人々御返事

人々御返事　日蓮↓日蓮　人々御返事

【述作年代】七文字のため確定できないが、文永末から建治期と推定。
【解説】〈真5—150〉〈昭定　断簡六五〉
　断簡であるばかりか花押もない。しかし、「人々御返事」というように、多くの信徒に読み聞かせてほしいという思いで綴《つづ》った手紙であることに着目したい。消息の書き方として、宛名の次に差出人の名が来ることはない。差出人の名を下に書き、次の行頭に宛名を書くのが普通である。「日蓮」と下に書き、「人々御返事」を次の行の上から書いている。

29

弁殿《べんどの》御消息

千観内供《せんかんないぐ》の五味義《ごみぎ》
盂蘭経《うらんきょう》の疏《しょ》
玄義《げんぎ》六の本末《ほんまつ》、
御随身《ごずいしん》有るべ《可》く候《そうろう》。
文句《もんぐ》十、少輔殿《しょうどの》
御借用有《ごしゃくようある》べし。

恐々謹言

三月十日

日蓮　（花押）

弁殿《べんどの》

【述作年代】文永十二年（一二七五年）あるいは建治二年（一二七六年）三月十日。花押から建治の初めごろと判定し、身延に入って典籍の蒐集《しゅうしゅう》に努めている時期のものと考えられる。

【解説】〈真4—142〉〈昭定六五〉漢文体になっているが、最後の「有べし」のみかな表記。述作年代を考える材料としては、「文句十」（天台の「法華文句」の第十巻）を引用している「曾谷入道殿許御書《そやにゅうどうどののもと》」（昭定八九六頁・御書一〇二六頁）が参考になる。「曾谷入道殿許御書」では文句十の引用はけっして長文の引用ではなく、本未有善《ほんみうぜん》（本より未《いま》だ善有らず〈釈尊の仏法に無縁の末法の衆生を指す〉）のことが書かれた箇所で、日蓮もよく知っている文なのである。もしかしたら「曾谷入道殿許御書」（草案も現存している）を執筆する中で、本書で指示する典籍の引用を思いつき、鎌倉にいた弁殿（日昭）に典籍の蒐集を指示したのかも知れない。そうであれば、両書は同じ文永十二年三月十日に書かれたことになる。
「曾谷入道殿許御書」でも曾谷教信《きょうしん》と大田乗明《おおたじょうみょう》に真言の典籍を要請しているから、

身延に入って間もないころの日蓮は、著述の内容に正確を期すために、まず経典・論書等を揃えることから始めたのであろう。そこで、情報収集能力のある弟子や檀《だん》越《おつ》（布施をする在家の信者）たちに幾度となく典籍要請をしている。本書もそのような渦中での一書なのだと考えられる。

30

立正安国論《りっしょうあんこくろん》（広本）

（一紙）立正安国論　　沙門《しゃもん》　日蓮勘

旅客《りょきゃく》来《きた》りて歎《なげ》いて曰《いわ》く、近年より近日《きんじつ》に至《いた》るまで、天変《てんぺん》地夭《ちよう》・飢饉《ききん》疫癘《えきれい》、遍《あまね》く天下に満ち、広く地上に迸《はびこ》る。牛馬《ぎゅうば》巷《ちまた》に斃《たお》れ、骸骨《がいこつ》路《みち》に充《み》てり。死を招くの輩《ともがら》既《すで》に大半に超え、悲しまざるの族《やから》敢《あえ》て一人も無《な》し。然《しか》る間、或《あるい》は利剣即是《りけんそくぜ》の文を専《もっぱ》らにして西土《さいど》教主《きょうしゅ》の名を唱え、或は衆病《しゅうびょう》悉除《しつじょ》の願《がん》を持《たも》ちて東方如来《とうほうにょらい》の経を誦《ず》し、或は病即消滅《びょうそくしょうめつ》・不老《ふろう》不死《ふし》の詞《ことば》を仰《あお》いで、法華真実の妙文《みょうもん》を崇《あが》め、

歎　略は嘆

或は七難《しちなん》即滅《そくめつ》・七福《しちふく》即生《そくしょう》の句を信じて、百座《ひゃくざ》百講《ひゃっこう》の儀を調《ととの》え、有《ある》は秘密真言の教に因《よ》つて五瓶《ごびょう》の水を灑《そそ》ぎ、有《ある》は坐禅《ざぜん》入定《にゅうじょう》の儀を全《まっと》うして空観《くうかん》の月を澄《す》まし、若《も》しくは七鬼神《しちきじん》の号を書して千門に押し、若しくは五大力《ごだいりき》の形を図《ず》して万戸《ばんこ》に懸《か》け、若しくは天神地祇《てんじんちぎ》を拝して四角四界《しかくしかい》の祭祀《さいし》を企《くわだ》て、若しくは万民百姓《ばんみんひゃくせい》を哀《あわれ》んで国主・国宰《こくさい》の徳政《とくせい》を行《おこな》う。

然《しか》りと雖《いえど》も肝胆《かんたん》を摧《くだ》くのみにして、弥《いよいよ》飢疫《きえき》に逼《せめ》られ、乞客《こっきゃく》目に溢《あふ》れ、死人眼《まなこ》に満《み》てり。臥《ふ》せる屍《しかばね》を観《ものみ》と為《な》し、並べる尸《かばね》を橋と作《な》す。観《おもんみ》れば、夫《そ》れ、二離《じり》壁《へき》を合《あわ》せ、五緯《ごい》珠《たま》を連《つら》ぬ。三宝《さんぽう》も世《よ》に在《いま》し、百王未《いま》だ窮《きわ》まらざるに、此《こ》の世早く衰《おとろ》え、其《そ》の法何《なん》ぞ廃《すた》れたる。是《こ》れ何《いか》なる禍《わざわい》に依《よ》り、是れ何なる誤《あやま》りに由《よ》るや。

略は　然雖唯

壁　略は壁　壁《へき》か

主人の曰《いわ》く、独《ひと》り此《こ》の事を愁《うれ》いて胸臆《くおく》に憤悱《ふんぴ》す。
客来《きた》つて共に歎《なげ》く。屢《しばしば》談話を致《いた》さん。夫《そ》れ出家して道《どう》に入《い》る者は、法に依つて仏を期《ご》する也《なり》。今、神術《しんじゅつ》も協《かな》わず、仏威《ぶつい》も験《しるし》無《な》し。具《つぶさ》に当世《とうせい》の体《てい》を覿《み》るに、
愚《ぐ》にして後生《ごしょう》の疑《うたがい》を発《おこ》す。然《しか》れば則《すなわ》ち、円覆《えんぷ》を
仰《あお》いで恨《うらみ》を呑《の》み、方載《ほうざい》に俯《ふ》して慮《うらおもい》を深くす。
倩《つらつ》ら微管《びかん》を傾け、聊《いささ》か経文を披《ひら》きたるに、世皆《よみな》
正《しょう》に背《そむ》き、人悉《ことごと》く邪《じゃ》に帰《き》す。故《ゆえ》に善神《ぜんじん》は国を捨てて去り、聖人《しょうにん》は所を辞《じ》して還《かえ》りたまわず。是《こ》れを以《もっ》て、魔来《まきた》り、鬼《き》来り、災難《さいなん》並び起こる。
(二紙)言わずんばあるべ《可》からず、恐れずんばあるべ《可》
からず。

客の曰く、天下の災《わざわい》、国中《こくちゅう》の難、余《よ》独《ひと》り歎《なげ》くの　歎　略は嘆今　略は而今《しかるにいま》
邪　略は悪
去り　略は相去り
略は災起こり難起こる
歎　略は嘆

みに非《あら》ず。衆皆悲《しゅみなかな》しむ。今蘭室《らんしつ》に入《い》って初めて芳詞《ほうし》を承《うけたまわ》るに、神聖《じんしょう》去り辞《じ》し、災難並び起るとは何《いず》れの経に出《い》でたるや、其《そ》の証拠を聞かん。

主人の曰《いわ》く、其の文繁多《もんはんた》にして其の証弘博《ぐばく》なり。金光明経《こんこうみょうきょう》に云《いわ》く、「其の国土に於《おい》て、此《こ》の経有りと雖《いえど》も、未《いま》だ嘗《かつ》て流布《るふ》せしめず。捨離《しゃり》の心を生じて、聴聞《ちょうもん》せんことを楽《ねが》わず。亦《また》、供養《くよう》し尊重し讃歎《さんたん》せず。四部の衆《しゅ》・持経《じきょう》の人を見て、亦復《またまた》尊重し、乃至《ないし》供養すること能《あた》わず。遂《つい》に我等及び余《よ》の眷属《けんぞく》、無量の諸天をして、此の甚深《じんじん》の妙法を聞くことを得《え》ず、甘露《かんろ》の味に背《そむ》き、正法《しょうほう》の流《ながれ》を失《うしな》い、威光及《いこうおよ》び勢力《ぜいりき》有ること無《な》からし《令》む。悪趣《あくしゅ》を増長《ぞうじょう》し、人天《にんてん》を損減《そんげん》し、生死《しょうじ》の河《かわ》に墜《お》ちて、涅槃《ねはん》の路《みち》に乖《そむ》かん。世尊《せそん》、我等、四王并《ならび》に諸《もろもろ》の眷属《けんぞく》、及び薬叉《やしゃ》等、斯《か》くの如《ごと》き事を見て、其《そ》の国土を捨てて擁護《おうご》の心無《な》けん。但《た》だ我等のみ是《こ》の王を捨棄《しゃき》するに非《あら》ず。必ず無量の国土を守護する諸大善神《しょだいぜんじん》有らんも、皆悉《ことごと》く捨離《しゃり》せん。既《すで》に捨離し已《おわ》りなば、其の国、当《まさ》に種種《しゅじゅ》の災禍《さいか》有つて、国位《こくい》を喪失《そうしつ》すべし。一切の人衆《にんしゅ》、皆善心《ぜんしん》無《な》く、唯《ただ》繫縛《けいばく》・殺害《さつがい》・瞋諍《しんじょう》のみ有《あ》つて、互《たがい》に相讒諂《ざんてん》し、狂げて辜《つみ》無きに及ばん。疫病《えきびょう》流行し、彗星《すいせい》数《しば》ば出《い》で、両日《りょうじつ》並び現じ、薄蝕《はくしょく》恒無《つねな》く、黒白《こくびゃく》の二虹《にこう》不祥《ふしょう》の相を表わし、星流れ、地動き、井《い》の内に声を発《はっ》し、暴雨《ぼうう》・悪風《あくふう》、時節《じせつ》に依《よ》らず、常に飢饉《ききん》に遭《あ》つて苗実成《みょうじつみの》らず。多く他方の怨賊《おんぞく》有つて国内を侵掠《しんりゃく》し、人民《にんみん》諸《もろもろ》の苦悩を受け、土地所楽《しょらく》の処《ところ》有ること無《な》けん」云云《うんぬん》。

竝↓并

捨離　略は捨去

狂　略は枉　枉《ま》か

云云　略は已上

大集経《だいじっきょう》に云《いわ》く、「仏法実に隠没《おんもつ》せば、鬚髪爪《しゅほっそう》皆長く、諸法も亦忘失《またもうしつ》せん。当《そ》の時、虚空《こくう》の中に大なる声あつて地を震《ふる》い、一切皆遍《あまね》く動かんこと、猶水上輪《なおすいじょうりん》の如《ごと》くならん。城壁《じょうへき》破れ落ち下《くだ》り、屋宇《おくう》悉《ことごと》く圮《やぶ》れ坼《さ》け樹林《じゅりん》の根《こん》・茎《けい》・枝《し》・葉《よう》・華葉《けよう》・菓《か》・薬《やく》尽《つ》きん。唯浄居天《ただじょうごてん》を除《のぞ》いて欲界《よっかい》の一切処《いっさいしょ》の七味《しちみ》・（三紙）三精気《さんしょうけ》損減《そんげん》して余り有ること無けん。解脱《げだつ》の諸《もろもろ》の善論《ぜんろん》、当《そ》の時一切尽きん。所生《しょしょう》の華菓《けか》の味わい希少《きしょう》にして亦美《またうま》からず。諸有《しょう》の井泉池《せいせんち》、一切尽《ことごと》く枯涸《こかく》し、土地悉《ことごと》く鹹鹵《かんろ》し、敵裂《てきれつ》して丘澗《きゅうかん》と成らん。諸山《しょざん》皆燋燃《しょうねん》して、天竜《てんりゅう》雨を降さず。苗稼《みょうけ》も皆枯死《こし》し、生ずる者皆死し尽《つ》き余草《よそう》更《さら》に生ぜず。土を雨《ふ》らし、皆昏闇《こんあん》にして日月《にちがつ》も明《みょう》を現ぜず。四方皆亢旱《こうかん》して

圮れ　圮《やぶ》れか

茎　他筆か　略なし

数《しばし》ば諸《もろもろ》の悪瑞《あくずい》を現じ、十不善業《じゅうふぜんごう》の道《どう》・貪瞋癡《とんじんち》倍増《ばいぞう》して、衆生《しゅじょう》父母に於《お》ける之《これ》を観《み》ること、獐鹿《しょうろく》の如くならん。衆生及び寿命《じゅみょう》・色力《しきりき》・威楽《いらく》減じ、人天の楽《らく》を遠離《おんり》し、皆悉《ことごと》く悪道に堕《だ》せん。是《か》くの如き不善業《ふぜんごう》の悪王・悪比丘《あくびく》、我が正法《しょうほう》を毀壊《きえ》し、天人の道《どう》を損減《そんげん》し、諸天善神、王の衆生を悲愍《ひみん》する者、此の濁悪《じょくあく》の国を棄《す》てて皆悉《ことごと》く余方《よほう》に向《むか》わん」云云《うんぬん》。　云云　略は已上

仁王経《にんのうきょう》に云く、「国土乱れん時は、先《ま》ず鬼神《きじん》乱る。鬼神乱るるが故に万民《ばんみん》乱る。賊来《ぞくきた》って国を劫《おびや》かし百姓《ひゃくせい》亡喪《もうそう》し、臣・君・太子・王子・百官共に是非《ぜひ》を生《しょう》ぜん。天地怪《け》異《い》し、二十八宿の星道《しょうどう》・日月《にちがつ》時を失《うしな》い、度《ど》を失い、多く賊起《ぞくおこ》ること有《あ》らん」。亦《また》云く、「我、今五眼《ごげん》をもって明《あきら》かに三世《さんぜ》を見るに、一切の国王は皆過去の

世《よ》に五百の仏に侍《つか》えるに由《よ》つて帝王、主《しゅ》と為《な》ることを得《え》たり。是《ここ》を為《も》つて一切の聖人《しょうにん》・羅漢《らかん》、而《しか》も為《ため》に彼《か》の国土の中に来生《らいしょう》して大利益《だいりやく》を作《な》さん。若《も》し王の福尽《つ》きん時は、一切の聖人皆為《ため》に捨て去らん。若し一切の聖人去らん時は七難《しちなん》必ず起《おこ》らん」云云《うんぬん》。

云云　略は已上

薬師経《やくしきょう》に云《いわ》く、「若し刹帝利《せっていり》・灌頂王《かんちょうおう》等の災難起らん時、所謂人衆疾疫《いわゆるにんしゅしつえき》の難・他国侵逼《しんぴつ》の難・自界叛逆《じかいほんぎゃく》の難・星宿変怪《せいしゅくへんげ》の難・日月薄蝕《にちがつはくしょく》の難・非時風雨《ひじふうう》の難・過時不雨《かじふう》の難あらん」云云。

云云　略は已上

仁王経《にんのうきょう》に云く、「大王吾《わ》が今化《け》する所の百億の須弥《しゅみ》・百億の日月・一一の須弥に四天下《してんげ》有り。其《そ》の南閻浮提《なんえんぶだい》に、十六の大国・五百の中国・十千の小国有り。其の国土の中に、七つの畏《おそ》るべ《可》き難有り。一切

の国王、是れを難と為《な》すが
（四紙）故に云何《いか》なるを難と為す。日月度《ど》を失《うしな》い、時節返逆《じせつほんぎゃく》し、
或《あるい》は赤日《しゃくにち》出《い》で、黒日《こくにち》出で、二三四五の日出で、或は
日蝕《ひしょく》して光無く、或は日輪一重《にちりんいちじゅう》、二三四五重輪《りん》
現《げん》ずるを一の難と為《な》す也《なり》。二十八宿《しゅく》度を失い金星《きんせい》・
彗星《すいせい》・輪星《りんせい》・鬼星《きせい》・火星《かせい》・水星《すいせい》・風星《ふうせい》・刀星《とうせい》・南斗《なんじゅ》・
北斗《ほくと》・五鎮《ごちん》の大星《だいせい》・一切の国主星《こくしゅせい》・三公星《さんこうせい》・百官星《ひゃっかんせい》・
是《か》くの如《ごと》き諸星、各各変現《おのおのへんげん》するを二の難と為《な》す也。
大火《たいか》国を焼き、万姓焼尽《ばんせいしょうじん》せん。或は鬼火《きか》・
天火《てんか》・山神火《さんじんか》・人火《にんか》・樹木火《じゅもくか》・賊火《ぞくか》あらん。是《か》くの
如く変怪《へんげ》するを三の難と為《な》す也。大水百姓《だいすいひゃくせい》を漂没《ひょうもつ》し、
時節返逆《じせつほんぎゃく》して冬雨ふり夏雪ふり冬時に雷電辟礰《らいでんへきれき》し、
六月に氷・霜・雹《ひょう》を雨《ふ》らし、赤水《しゃくすい》・黒水《こくすい》・青水《せいすい》を

鬼火　略は鬼火・竜火・

辟は霹か

雨《ふ》らし、土山《どせん》・石山《しゃくせん》を雨《ふ》らし、沙《すな》・礫《つぶて》・石を雨《ふ》らす。江河《こうが》逆《さかさま》に流れ山を浮べ石を流す。是《か》くの如《ごと》く変ずる時を四の難と為《な》す也。大風、万姓《ばんせい》を吹き殺し国土・山河・樹木、一時に滅没《めつぼつ》し、非時《ひじ》の大風・黒風《こくふう》・赤風《しゃくふう》・青風《せいふう》・天風・地風・火風・水風あらん。是くの如く変ずるを五の難と為す也。天地・国土亢陽《こうよう》し、炎火洞燃《えんかどうねん》として百草亢旱《ひゃくそうこうかん》し、五穀《ごこく》登《みの》らず、土地赫燃《かくねん》として万姓滅尽《ばんせいめつじん》せん。是くの如く変ずる時を六の難と為《な》す也。四方の賊来《ぞくきた》つて国を侵《おか》し、内外《ないげ》の賊起り、火賊《かぞく》・水賊・風賊・鬼賊《きぞく》ありて百姓荒乱《ひゃくせいこうらん》し、刀兵《とうひょう》の劫《こう》起らん。是くの如く怪《け》する時を七の難と為《な》す也」云云《うんぬん》。

大集経《だいじっきょう》に云《いわ》く、「若《も》し国王有つて、無量世《むりょうせ》に於《おい》て施戒慧《せかいえ》を修《しゅ》すとも、我が法の滅せんを見て捨てて擁護《おうご》

云云　略なし

せずんば、是くの如く種《う》ゆる所の無量の善根《ぜんこん》悉《ことごと》く皆滅失《めっしつ》して其《そ》の国当《まさ》に三の不祥《ふしょう》の事有るべし。一には穀貴《こっき》、二には丘革《ひょうかく》、三には疫病《えきびょう》なり。一切の善神悉《ことごと》く之《これ》を捨離《しゃり》せば、其の王教令《きょうれい》すとも人随従《ずいじゅう》せず。常に隣国《りんごく》の侵嬈《しんにょう》する所と為《な》らん。暴火《ぼうか》横《よこしま》に起り悪風雨《あくふうう》多く、雨水増長《うすいぞうちょう》して人民《にんみん》を吹溺《ふきただよわ》し、内外《ないげ》の親《しん》（五紙）戚其《せきそ》れ共に謀叛《むほん》せん。其の王久しからずして当《まさ》に重病に遇《あ》い、寿終《じゅじゅう》の後、大地獄《だいじごく》に生ずべし。乃至《ないし》王の如く夫人・太子・大臣・城主・柱師《ちゅうし》・郡守《ぐんしゅ》・宰官《さいかん》も亦復《またまた》是《か》くの如くならん」已上経文。

穀貴　略は穀実　丘は兵か
雨　略なし
略は　大地獄中
大臣　略は太臣
経文　略なし

夫れ四経の文朗《もんあきら》かなり。万人誰か疑わん。而《しか》るに盲瞽《もうこ》の輩《やから》、迷惑の人妄《みだり》に邪説を信じて正教《しょうきょう》を弁《わきま》えず。故に天下世上《せじょう》、諸仏・衆経《しゅうきょう》に於て捨離《しゃり》の心を生じて擁護《おうご》の志《こころざし》無し。仍《よっ》て善神・聖人《しょうにん》国を捨て所を去る。是《ここ》を以《もっ》て悪鬼《あっき》・外道《げどう》災《わざわい》を成し難を致《いた》す。

客、色《いろ》を作《な》して曰《いわ》く、後漢《ごかん》の明帝《めいてい》は金人《こんじん》の夢を悟《さと》って白馬の教を得《え》、上宮太子《じょうぐうたいし》は守屋《もりや》の逆《ぎゃく》を誅《ちゅう》して寺塔の構《かまえ》を成《な》す。爾《しか》しより来た《このかた》、上一人《かみいちにん》より下万民《しもばんみん》に至《いた》るまで仏像を崇《あが》め経巻を専《もっぱ》らにす。然《しか》れば則《すなわ》ち叡山《えいざん》・南都《なんと》・園城《おんじょう》・東寺《とうじ》・四海一州《しかいいっしゅう》・五畿七道《ごきしちどう》、仏経は星のごとく羅《つら》なり、堂宇《どうう》雲のごとく布《し》けり。鶖子《しゅうし》の族《やから》は則《すなわ》ち鷲頭《じゅとう》の月を観じ、鶴勒《かくろく》の流《たぐい》は亦《また》鶏足《けいそく》の風《ふう》を伝う。誰か一代の教を褊《さみ》し三宝《さんぽう》の跡《あと》を廃すと謂《いわ》んや。若《も》し其の証《しょう》有らば委《くわ》しく其の故を聞かん。

主人喩《さと》して曰く、仏閣《ぶっかく》甍《いらか》を連《つら》ね、経蔵軒《のき》を並べ、僧は竹葦《ちくい》の如《ごと》く、侶《りょ》は稲麻《とうま》に似たり。崇重《そうじゅう》年旧《としふ》り

五畿　略は五畿　五畿か

鶴　略は靏

尊貴《そんき》日に新たなり。但《ただ》し法師は諂曲《てんごく》にして人倫《じんりん》を迷惑し、王臣は不覚《ふかく》にして邪正《じゃしょう》を弁《べん》ずること無し。

仁王経《にんのうきょう》に云《いわ》く、「諸《もろもろ》の悪比丘《あくびく》、多く名利《みょうり》を求め、国王・太子・王子の前に於《おい》て自《みずか》ら破仏法《はぶっぽう》の因縁《いんねん》、破国《はこく》の因縁を説かん。其の王別《わきま》えずして此《こ》の語を信聴《しんちょう》し、横《よこしま》に法制を作《つく》って仏戒《ぶっかい》に依《よ》らず」云云《うんぬん》。

略　依らずのあと「是れ破仏破国の因縁と為す」とあり　云云　略は已上

守護経に云く、「大王、此の悪沙門《あくしゃもん》は、戒《かい》を破《は》し悪を行じ、一切族姓《ぞくしょう》の家を汙穢《おえ》し、国王・大臣・官長《かんちょう》に向《むか》つて、真実の沙門を論説し毀謗《きぼう》し、横《よこしま》に是非を言わん。乃至《ないし》、一寺同一国邑《こくゆう》の一切の悪事、皆彼《か》の真実の沙門に推与《すいよ》し、国王・大臣・官長を蒙蔽《もうへい》して、遂《つい》に真実の沙門を駆逐《くちく》し、尽《ことごと》く国界《こっかい》を出《いだ》さし《令》む。

守護経の引用　略なし

蒙蔽　他筆か

其《そ》の破戒《はかい》の者、自在に遊行《ゆぎょう》して、国王・大（六紙）臣・官長と共に親厚《しんこう》を為《な》さん」云云《うんぬん》。又云《いわ》く、「風雨節《せつ》ならず、旱澇《かんろう》調《ととの》わず、飢饉《ききん》相仍《あいよ》り、寃敵侵擾《おんてきしんじょう》し、疾疫《しつえき》、災難、無量百千ならん」云云。又云く、「釈迦《しゃか》牟尼如来《むににょらい》の所有《あらゆる》教法は、一切の天魔《てんま》・外道《げどう》・悪人・五通《ごつう》の神仙《しんせん》も、皆乃至少分《ないししょうぶん》をも破壊《はえ》せず。而《しか》るに此《こ》の名相《みょうそう》ある諸《もろもろ》の悪沙門《あくしゃもん》、皆悉《ことごと》く毀滅《きめつ》して余り有ること無からしめ《令》ん。須弥山《しゅみせん》を仮使《たとい》三千界中の草木を尽《つく》して薪《たきぎ》と為《な》し、長時《ちょうじ》に焚焼《ふんしょう》すとも、一毫《いちごう》も損《そん》ずること無きに、若《も》し劫火《ごうか》起り、火内《うち》従《よ》り生ぜば、須臾《しゅゆ》に焼滅《しょうめつ》して灰燼《かいじん》を余《あま》すこと無きが如《ごと》し」云云。

真筆は令有無余　令無有余か

最勝王経《さいしょうおうきょう》に云く、「非法《ひほう》を行ずる者を見て、而《しか》して愛敬《あいぎょう》を生じ、善法《ぜんぽう》を行ずる人に於《おい》て、苦楚《くそ》して治罰《ちばつ》す。

最勝王経の引用　略なし

悪人を愛敬し善人を治罰するに由《よ》るが故に、星宿《せいしゅく》及び風雨《ふうう》皆時を以《もっ》て行われず」。又云く、「三十三天の衆《しゅ》、咸忿怒《みなふんぬ》の心を生じ、此《こ》れに因《よ》って国政を損じ、諂《へつらい》・偽《いつわり》世間に行われ、悪風起こること恒《つね》無く、暴雨《ぼうう》時に非《あら》ずして下《ふ》る」。又云く、「彼の諸《もろもろ》の天王《てんのう》・衆、共に是くの如き言《ことば》を作《な》し、此の王非法《ひほう》を作《な》し、悪輩相《あくはいあい》親附《しんぷ》す。王位久《ひさ》しく安《やす》んぜず、諸天皆忿恨《ふんこん》す。彼《かれ》忿《いかり》を懐《いだ》くに由《よ》るが故に、其の国当《まさ》に敗亡《はいぼう》すべし。天主護念《てんしゅごねん》せず、余天《よてん》も滅《げん》じ国土を捨棄《しゃき》し当《まさ》に滅亡すべし。王の身は苦厄《くやく》を受け、父母及び妻子・兄弟并《ならび》に姉妹、倶《とも》に愛別離《あいべつり》に遭《あ》い、乃至身亡歿《みぼうもつ》せん。変怪《へんげ》の流星堕《お》ち、二の日倶時《ぐじ》に出《い》で、他方の怨賊来《おんぞくきた》って国人《こくじん》喪乱《そうらん》に遭《あ》わん」云云。

竝→并

大集経《だいじっきょう》に云《いわ》く、「若《も》しは復《また》、諸《もろもろ》の刹利《せつり》国王有って、諸《もろもろ》の非法《ひほう》を作《な》して世尊の声聞《しょうもん》の弟子を悩乱《のうらん》し、若しは毀罵《きめ》し、刀杖《とうじょう》を以《もっ》て打斫《ちょうしゃく》し、及び衣鉢《えはつ》種種の資具《しぐ》を奪い、若しは他の給施《きゅうせ》に留難《るなん》を作《な》さば、我等彼《かれ》をして自然《じねん》卒卒《そつそつ》に他方の怨敵《おんてき》を起《おこ》さし《令》めん。及び自《みずか》らの国土も亦《また》兵起り病疫《びょうえき》・飢饉《ききん》し、非時《ひじ》の風雨・闘諍言訟《とうじょうごんしょう》せし《令》めん、又其《そ》の王をして久《ひさ》しからずして復当《またまさ》に己《おの》が国を亡失《ぼうしつ》せし《令》むべし」云云《うんぬん》。

大集経の引用　略なし

卒起→卒卒起【注】参照

大涅槃経《だいねはんきょう》に云く、「若男子《なんし》、如来《にょらい》の正法《しょうほう》将《まさ》に滅尽《めつじん》せんと欲《ほっ》す。爾《そ》の時に多く悪を行ずる比丘《びく》有らん。如来微密《みみつ》の蔵《ぞう》を知らず。譬《たと》えば癡賊《ちぞく》の真宝《しんぽう》を棄捨《きしゃ》し、草𢧐《そうもく》を選負《せんぷ》するが如《ごと》し。

大涅槃経の引用　略なし　若は善《ぜん》か

（七紙）如来微密《みみつ》の蔵を解《げ》せずが故に是の経の中に於《おい》て懈怠《けたい》

して勤《つと》めず。哀《あわれ》なる哉《かな》、大険当来《だいけんとうらい》の世、甚《はなは》だ怖畏《ふい》すべ《可》し。諸《もろもろ》の悪比丘、是の経を抄略《しょうりゃく》し、分《わけ》て多分《たぶん》と作《な》し、能《よ》く正法の色香美味《しきこうみみ》を滅せん。是の諸の悪人、復《また》是くの如き経典を読誦《どくじゅ》すと雖《いえど》も、如来の深密《じんみつ》の要義を滅除《めつじょ》し、世間荘厳《しょうごん》の文飾《もんじき》、無義の語を安置す。前《まえ》を抄して後《あと》に著《つ》け、後を抄して前に著け、前後を中に著け、中を前後に著けん。当《まさ》に知るべし。是くの如きの諸の悪比丘は是《これ》魔の伴侶《はんりょ》なり」。又云く「菩薩、悪象《あくぞう》等に於ては心に恐怖《くふ》すること無《な》かれ。悪知識に於ては怖畏《ふい》の心を生ぜよ。悪象の為に殺されては三趣《さんしゅ》に至《いた》らず。悪友の為に殺されては必ず三趣に至る」云云。

又云く、「我《われ》涅槃《ねはん》の後、無量百歳、四道《しどう》の聖人《しょうにん》悉《ことごと》く復《また》涅槃せん。正法滅《めつ》して後、像法《ぞうほう》の中に於て当《まさ》に比丘有るべし。

「菩薩～　の一節は略あり

云云　略は已上

「我～　の一節は略あり

持律《じりつ》に似像《じぞう》して少《すこし》く経を読誦《どくじゅ》し、飲食《おんじき》を貪嗜《とんし》して其《そ》の身を長養《ちょうよう》し、袈裟《けさ》を著《ちゃく》すと雖《いえど》も猶《なお》猟師《りょうし》の細《ほそ》めに視《み》て徐《しずか》に行くが如《ごと》く、猫の鼠《ねずみ》を伺《うかが》うが如し。常に是の言《ことば》を唱えん。我れ羅漢《らかん》を得たりと外には賢善《けんぜん》を現《あらわ》し、内には貪嫉《とんしつ》を懐《いだ》く。唖法《あほう》を受けたる婆羅門《ばらもん》の如し。実《じつ》には沙門《しゃもん》に非ずして沙門の像《かたち》を現じ邪見熾盛《じゃけんしじょう》にして正法《しょうぼう》を誹謗《ひぼう》せん」と。

婆羅門　略は婆羅門等

と　略は已上

法華経に云《いわ》く、「諸《もろもろ》の無智の人、悪口罵詈《あっくめり》等し、及び刀杖《とうじょう》を加うる者有らん。我等皆当《まさ》に忍《しの》ぶべし。悪世《あくせ》の中の比丘は、邪智《じゃち》にして心諂曲《てんごく》に未《いま》だ得ざるを為《こ》れ得たりと謂《おも》い我慢《がまん》の心充満《じゅうまん》せん。或《あるい》は阿練若《あれんにゃ》に納衣《のうえ》にして空閑《くうげん》に在《あ》り、自《みずか》ら真の道《どう》を行ずと謂《おも》いて、人間を軽賤《きょうせん》する者有らん。利養《りよう》に貪著《とんじゃく》するが故に白衣《びゃくえ》の与《た》めに法を説いて世に恭敬《くぎょう》為《せ》らるること六通《ろくつう》の羅漢《らかん》の如くならん。乃至《ないし》常に大衆《だいしゅ》の中に

諸の無智～

～ぶべし　略なし

漢　他筆か

在《あ》って我等の禍《とが》を毀《そし》らんと欲するがゆえに、国王・大臣・波羅門・居士《こじ》　波　略は婆
及び余の比丘衆《びくしゅ》に向《むか》って、誹謗《ひぼう》して我が悪を説いて、是れ
邪見の人・外道《げどう》の論議を説くと謂《い》わん。濁劫《じょくこう》悪世の中には　義↓議
多く諸《もろもろ》の恐怖《くふ》有らん。悪鬼《あっき》其《そ》の身に入《い》って我を罵詈《めり》し
毀辱《きにく》せん。濁世《じょくせ》の悪比丘は仏の方便・随宜所説《ずいぎしょせつ》の法を知ら
ず。悪口《あっく》して嚬蹙《ひんしゅく》し数数《しばしば》擯出《ひんずい》せ《見》られん」云云《うんぬん》。　嚬　略は頻　云云　略は已上
涅槃経《ねはんきょう》に云く、「善男子《ぜんなんし》、一闡提《いっせんだい》有って羅漢《らかん》の像《かたち》と作《な》りて　涅槃経の引用　略なし
（八紙）空処《くうしょ》に住し、方等《ほうとう》大乗経典を誹謗《ひぼう》す。諸《もろもろ》の凡夫の人
見已《みおわ》って、皆真の阿羅漢是《これ》大菩薩なりと謂《おも》わん」云云。
般泥洹経《はつないおんきょう》に云く、「羅漢に似たる一闡提の而《しか》も悪業《あくごう》を　般泥洹経の引用　略なし
行じ、一闡提に似たる阿羅漢の而も慈心《じしん》を作《な》す有り。
羅漢に似たる一闡提有りとは、是の諸《もろもろ》の衆生方等を誹謗す。
一闡提に似たる阿羅漢とは、声聞《しょうもん》を毀呰《きし》し広く方等を

説く。衆生に語って言わく、我と如来《にょらい》と倶《とも》に是《これ》菩薩なり。所以《ゆえん》は何《いか》ん。一切皆《いっさいみな》如来の性《しょう》有るが故に。然《しか》も彼《か》の衆生一闡提《いっせんだい》と謂《おも》はん」。又云《いわ》く、「究竟《くきょう》の処《ところ》を見ざれば、永く彼の一闡提の輩《やから》の究竟の悪を見ず。亦《また》彼の無量の生死《しょうじ》究竟の処を見ず」已上経文。

文に就《つい》て世を見るに、誠《まこと》に以《もっ》て然《しか》なり。悪侶《あくりょ》を誡《いまし》めずんば豈善事《あにぜんじ》を成さんや。

客、猶《なお》憤《いきどお》りて曰《いわ》く、明王《めいおう》は天地に因《よ》って化《け》を成し、聖人《しょうにん》は理非《りひ》を察して世を治《おさ》む。世上《せじょう》の僧侶は天下の帰する所也《なり》。悪侶《あくりょ》に於《おい》ては明王信ずべ《可》からず。聖人に非《あら》ずんば賢哲《けんてつ》仰《あお》ぐべ《可》からず。今賢聖《けんしょう》の尊重《そんちょう》せるを以て則《すなわ》ち竜象《りゅうぞう》の軽《かる》からざるを知んぬ。何ぞ妄言《もうげん》を吐いて強《あながち》に誹謗《ひぼう》を成し、誰人《たれびと》を以て悪比丘と謂《い》うや。委細《いさい》に聞かんと欲《ほっ》す。

何　他筆か

主人の曰く、客の疑いに付いて、重重《じゅうじゅう》の子細《しさい》有りと雖《いえど》も、繁《はん》を厭《いと》い多事《たじ》を止《とめ》て、且《しばら》く一を出《いだ》さん。万を察《さっ》せよ。

客の疑い～
～察せよ　略なし

後鳥羽院《ごとばいん》の御宇《ぎょう》に法然《ほうねん》というもの有り。選択集《せんちゃくしゅう》を作る。則《すなわ》ち一代の聖教《しょうぎょう》を破し、遍《あまね》く十方《じっぽう》の衆生を迷《まよ》わす。其《そ》の選択《せんちゃく》に云く、「道綽禅師《どうしゃくぜんじ》、聖道《しょうどう》・浄土《じょうど》の二門を立て、聖道を捨てて正《まさ》しく浄土に帰《き》するの文《もん》。初《はじめ》に聖道門とは、之《これ》に就《つ》いて二《ふたつ》有り。乃至《ないし》之に准《じゅん》じて之を思うに、応《まさ》に密大《みつだい》及《およ》び実大《じつだい》をも存《そん》すべし。然《しか》れば則《すなわ》ち今の真言・仏心《ぶっしん》・天台・華厳《けごん》・三論・法相《ほっそう》・地論《じろん》・摂論《しょうろん》、此《こ》れ等の八家《はっけ》の意正《まさ》しく此《ここ》に在る也《なり》。曇鸞法師《どんらんほっし》の往生論《おうじょうろん》の注《ちゅう》に云く、謹《つつし》んで竜樹《りゅうじゅ》菩薩の十住毘婆沙《じゅうじゅうびばしゃ》を案ずるに云く、菩薩・阿毘跋致《あびばっち》を求むるに二種の道《どう》有り。一には難行道《なんぎょうどう》、二には易行道《いぎょうどう》なり。此《こ》の中難行道《うちなんぎょうどう》とは即《すなわ》ち是れ聖道《しょうどう》（九紙）門《もん》也。易行道《いぎょうどう》とは即ち浄土門也。浄土宗の学者、先《ま》ず須《すべか》らく此の旨《むね》を知るべし。設《たと》い先より聖道門を学ぶ人なりと雖《いえど》も、若《も》し浄土門に於《お》いて其《そ》の志《こころざし》有らん者は須らく聖道を棄《す》てて浄土に帰《き》すべし」。又云《いわ》く、「善導和尚《ぜんどうおしょう》、正雑《しょうぞう》の二行を立て雑行《ぞうぎょう》を捨てて正行《しょうぎょう》に帰するの文《もん》。第一に読誦《どくじゅ》雑行とは、上《かみ》の観経《かんぎょう》等の往生浄土の経を除いて已外《いげ》、大小乗《だいしょうじょう》・顕密《けんみつ》の諸経に於て受持《じゅじ》・読誦《どくじゅ》するを悉《ことごと》く読誦雑行と名《なづ》く。第三に礼拝《らいはい》雑行とは、上の弥陀《みだ》を礼拝するを除いて已外《いげ》、一切の諸仏菩薩等及び諸《もろもろ》の世天《せてん》等に於て礼拝し恭敬《くぎょう》するを悉《ことごと》く礼拝雑行と名く。私《わたくし》に云く、此の文を見るに、須《すべから》く雑《ぞう》を捨てて専《せん》を修《しゅ》すべし。豈百即百生《あにひゃくそくひゃくしょう》の専修《せんじゅ》正行を捨てて、堅《かた》く千中無一《せんちゅうむいち》の雑修雑行《ぞうしゅぞうぎょう》を執《しゅう》せんや。行者《ぎょうじゃ》

略　是浄土門

雑行　略は雑

能《よ》く之《これ》を思量《しりょう》せよ」。又云く、「貞元入蔵録《じょうげんにゅうぞうろく》の中に、始《はじ》め大般若経《だいはんにゃきょう》六百巻より法常住経《ほうじょうじゅうきょう》に終るまで顕密《けんみつ》の大乗経、総《そう》じて六百三十七部二千八百八十三巻也。皆須《すべから》く読誦《どくじゅ》大乗の一句に摂《しょう》すべし。当《まさ》に知るべし。随他《ずいた》の前には暫《しばら》く定散《じょうさん》の門を開くと雖も、随自《ずいじ》の後には還《かえ》つて定散の門を閉《と》ず。一たび開いて以後永《なが》く閉じざるは、唯《ただ》是《こ》れ念仏の一門なり」。又云く、「念仏の行者必ず三心《さんじん》を具足《ぐそく》すべ《可》きの文《もん》。観無量寿経《かんむりょうじゅきょう》に云く、同経の疏《しょ》に云く、問うて曰《いわ》く、若し解行《げぎょう》の不同・邪雑《じゃぞう》の人等《ら》有つて外邪異見《げじゃいけん》の難を防《ふせ》がん。或《あるい》は行くこと一分二分《いちぶんにぶん》にして群賊《ぐんぞく》等喚《よ》び廻《かえ》すとは、即《すなわ》ち別解《べつげ》・別行・悪見《あっけん》の人等に喩《たと》う。私《わたくし》に云く、又云く、此の中に一切の別解・別行・異学・異見等と言うは、是れ聖道門《しょうどうもん》を指《さ》す」と。

又云く　略は又

と　略は已上

又最後結句《けっく》の文に云《いわ》く、「夫《そ》れ速《すみや》かに生死《しょうじ》を離れんと欲《ほっ》せば、二種の勝法《しょうほう》の中に且《しばら》く聖道門《しょうどうもん》を閣《さしお》きて、選んで浄土門《じょうどもん》に入れ、浄土門に入らんと欲《ほっ》せば、正雑《しょうぞう》二行の中に且《しばら》く諸《もろもろ》の雑行《ぞうぎょう》を抛《なげう》ちて選んで応《まさ》に（十紙）正行《しょうぎょう》に帰すべし」已上。

之《これ》に就《つ》いて之を見るに、曇鸞《どんらん》・道綽《どうしゃく》・善導《ぜんどう》の謬釈《みょうしゃく》を引いて、聖道《しょうどう》・浄土・難行《なんぎょう》・易行《いぎょう》の旨《むね》を建て、法華・真言総じて一代の大乗六百三十七部二千八百八十三巻、并《ならび》に一切の諸仏菩薩及び諸《もろもろ》の世天《せてん》等を以《もっ》て皆聖道・難行《なんぎょう》・雑行《ぞうぎょう》等に摂《せっ》して、或《あるい》は捨て或は閉じ或は閣《さしお》き或は抛《なげう》つ。此《こ》の四字を以て多く一切を迷わし、剰《あまつさ》え三国の聖僧《しょうそう》、十方《じっぽう》の仏弟《ぶってい》を以て皆群賊《ぐんぞく》と号《ごう》し併《あわ》せて罵詈《めり》せ《令》しむ。近くは所依《しょえ》の浄土の三部経の唯除五逆誹謗正法《ゆいじょごぎゃくひぼうしょうぼう》の誓文《せいもん》に背《そむ》き、遠くは一代五時の肝心《かんじん》

竝→并

并　略なし

たる法華経の第二の「若《も》し人信ぜずして、此の経を毀謗《きぼう》せば、乃至《ないし》其の人命《いのち》終つて阿鼻獄《あびごく》に入《い》らん」の誡文《かいもん》に迷う者也。是《ここ》に於《おい》て代《よ》、末代《まつだい》に及び、人は聖人《しょうにん》に非《あら》ず。各《おのおの》冥衢《みょうく》に容《い》つて並《ならび》に直道《じきどう》を忘る。悲《かな》しい哉《かな》、瞳矇《どうもう》を掛《う》たず。痛《いたま》しい哉、徒《いたずら》に邪信《じゃしん》を催《もよお》す。故に上《かみ》国主より下《しも》土民《どみん》に至《いた》るまで、皆、経は浄土三部の外《ほか》の経無く、仏は弥陀三尊《みださんぞん》の外の仏無しと謂《おも》えり。

仍《よ》つて伝教《でんぎょう》・弘法《こうぼう》・慈覚《じかく》・智証《ちしょう》等、或は万里《ばんり》の波濤《はとう》を渉《わた》つて渡せし所の聖教《しょうぎょう》、或は一朝《いっちょう》の山川《さんせん》を廻《めぐ》りて崇《あが》むる所の仏像、若しくは高山《こうざん》の巓《いただき》に華界《けかい》を建てて以て安置《あんち》し、若しくは深谷《しんこく》の底に蓮宮《れんぐう》を起《た》てて以て崇重《すうちょう》す。釈迦《しゃか》・薬師《やくし》の光を並ぶるや、威《い》を現当《げんとう》に施《ほどこ》し、虚空《こくう》・地蔵の化《け》を成すや、益《やく》を生後《しょうご》に被《こうむ》らしむ。故に国主は群郷《ぐんごう》を寄せて、以て灯燭《とうしょく》を

国主　略は国王

弘法　略は義真

群　略は郡　郡か

明《あきら》かにし、地頭《じとう》は田園を充《あ》てて、以《もっ》て供養《くよう》に備う。
而《しか》るに、法然《ほうねん》の選択《せんちゃく》に依《よ》って、則《すなわ》ち教主《きょうしゅ》を忘れて西土《さいど》の仏駄《ぶっだ》を貴《たっと》び、付属《ふぞく》を抛《なげう》って東方の如来《にょらい》を閣《さしお》き、唯《ただ》四巻三部の経典を専《もっぱ》らにして空《むな》しく一代五時の妙典《みょうてん》を抛《なげう》つ。是《ここ》を以て弥陀《みだ》の堂に非《あら》ざれば、皆、供仏《くぶつ》の志《こころざし》を止《とど》め、（十一紙）念仏の者に非ざれば、早く施僧《せそう》の懐《おも》いを忘る。故に、仏堂零落《れいらく》して瓦松《がしょう》の煙老《お》い、僧房荒廃《そうぼうこうはい》して庭草《ていそう》の露《つゆ》深し。

房　略は坊

然《しか》りと雖《いえど》も各《おのおの》護惜《ごしゃく》の心を捨てて、並《ならび》に建立《こんりゅう》の思《おもい》を廃《はい》す。是《ここ》を以て住持《じゅうじ》の聖僧《しょうそう》行《ゆ》いて帰らず。守護の善神《ぜんじん》去って来《きた》ること無し。是れ偏《ひとえ》に法然の選択に依る也。悲しい哉《かな》、数十年の間百千万の人、魔縁《まえん》に蕩《とろ》かされて、多く仏教に迷えり。謗《ぼう》を好んで正《しょう》を忘る。善神怒《いかり》を為《な》さざらんや。

謗　略は傍
為　略は成

正《しょう》を捨てて邪《じゃ》を好む。悪鬼便《たよ》りを得ざらんや。如《し》かず、

正　略は円
邪　略は偏

彼《か》の万祈《ばんき》を修《しゅう》せんよりは此《こ》の一凶《いっきょう》を禁ぜんには。

客、殊《こと》に色《いろ》を作《な》して曰《いわ》く、我が本師釈迦文《しゃかもん》、浄土の三部経を説きたまいて以来《いらい》、曇鸞法師《どんらんほっし》は四論の講説を捨てて一向《いっこう》に浄上に帰《き》し、道綽禅師《どうしゃくぜんじ》は涅槃の広業《こうぎょう》を閣《さしお》きて偏《ひとえ》に西方《さいほう》の行業《ぎょうぎょう》を弘め、善導和尚《ぜんどうおしょう》は法華・雑行《ぞうぎょう》を抛《なげう》つて、観経《かんぎょう》の専修《せんじゅ》を入れ、慧心僧都《えしんそうず》は諸経の要文を集めて念仏の一行を宗《しゅう》とし、永観律師《えいかんりっし》は顕密《けんみつ》の二門を閉じ念仏の一道《いちどう》を入れる。弥陀《みだ》を貴重《きちょう》すること誠《まこと》に以《もっ》て然《しか》なり。又往生《おうじょう》の人、其《そ》れ幾《いく》ばくぞや。就中《なかんずく》法然聖人は、幼少にして叡山《えいざん》に昇り、十七にして六十巻に渉《わた》り、並《ならび》に八宗を究《きわ》め具《つぶさ》に大意《たいい》を得たり。其《そ》の外《ほか》、一切の経論七遍《しちへん》反覆《はんぷく》し、章疏《しょうしょ》伝記究《きわ》め看《み》ざることなく、智は日月《にちがつ》に斉《ひと》しく徳は先師に越えたり。然《しか》りと雖も猶《なお》出離《しゅつり》の趣《おもむき》に迷いて、

業　法華　略なし

観経　略なし　入　略は立

永観〜

〜入れる　略なし

叡山　略は天台山

者→看

涅槃《ねはん》の旨《むね》を弁《わきま》えず。故に偏《あまね》く覿《み》、悉《ことごと》く鑑《かんが》み、深く思い、遠く慮《おもんぱか》り、遂《つい》に諸経を抛《なげう》ちて専《もっぱ》ら念仏を修《しゅ》す。其《そ》の上一夢《いちむ》の霊応《れいおう》を蒙《こうむ》り四裔《しえい》の親疎《しんそ》に弘む。故に或《あるい》は勢至《せいし》の化身《けしん》と号し、或は善導《ぜんどう》の再誕《さいたん》と仰《あお》ぐ。然《しか》れば則《すなわ》ち十方《じっぽう》の貴賤頭《きせんこうべ》を低《た》れ、一朝《いっちょう》の男女歩《あゆみ》を運ぶ。爾《しか》しより来《このか》た、春秋推移《しゅんじゅうおしうつ》り星霜積《せいそうつも》れり。而《しか》るに忝《かたじけな》くも釈尊《しゃくそん》の教を疎《おろそか》にして、恣《ほしいまま》に弥陀《みだ》の文《もん》を譏《そし》る。何ぞ近年の災《わざわい》を以《もっ》て聖代《せいだい》の時に課《おお》せ、強《あながち》に

（十二紙）先師を毀《そし》り更《さら》に聖人《しょうにん》を罵《ののし》るや。毛を吹いて疵《きず》を求め、皮を剪《き》つて血を出《いだ》す。昔より今に至《いた》るまで此《か》くの如《ごと》き悪言未《あくごんいま》だ見ず。惶《おそ》るべ《可》く慎《つつし》むべ《可》し。罪業《ざいごう》至つて重し。科条争《かじょういか》で遁《のが》れん。対座猶以《たいざなおもっ》て恐れ有り。杖《つえ》に携《たずさ》われて則《すなわ》ち帰らんと欲す。

積　略は相積

主人咲《え》み、止《とど》めて曰《いわ》く、辛《から》きことを蓼《たで》の葉に習い、臭《くさ》きことを涸厠《かわや》に忘る。善言《ぜんごん》を聞いて悪言《あくごん》と思い、謗者《ぼうしゃ》を指して聖人《しょうにん》と謂《い》い、正師《しょうし》を疑つて悪侶《あくりょ》に擬《ぎ》す。其《そ》の迷誠《まよいまこと》に深く、其の罪浅からず。事の起りを聞け。委《くわ》しく其の趣《おもむき》を談ぜん。釈尊説法の内、一代五時《いちだいごじ》の間に先後を立てて権実《ごんじつ》を弁《べん》ず。而《しか》るに曇鸞《どんらん》・道綽《どうしゃく》・善導等既《すで》に権《ごん》に就《つ》いて実《じつ》を忘れ、先《せん》に依《よっ》て後《ご》を捨《す》つ。未《いま》だ仏教の淵底《えんでい》を探《さぐ》らざる者なり。就中法然《なかんずくほうねん》は其《そ》の流《ながれ》を酌《く》むと雖《いえど》も其の源《みなもと》を知らず。所以《ゆえん》は何《いか》ん。大乗経の六百三十七部二千八百八十三巻、并《ならび》に一切の諸仏菩薩及び諸《もろもろ》の世天《せてん》等を以て、捨閉閣抛《しゃへいかくほう》の四字を置いて一切衆生の心を蕩《とろ》かす。是れ偏《ひとえ》に私曲《しきょく》の詞《ことば》を展《の》べて全《まった》く仏経の説を見ず。妄語《もうご》の至り悪口《あっこう》の科《とが》言うても比《ならび》無し。責めても余り有り。

涸厠は溷厠《かわや》か

等　略なし

竝→并

四　略なし　蕩　略は薄

具《つぶさ》に事の心を案ずるに、慈恩《じおん》・弘法《こうぼう》の、三乗《さんじょう》真実・一乗方便《いちじょうほうべん》、後に望めば戯論《けろん》と作《な》すとの邪義《じゃぎ》に超過《ちょうか》し、光宅《こうたく》・法蔵《ほうぞう》の、涅槃《ねはん》は正見《しょうけん》・法華は邪見《じゃけん》、寂場《じゃくじょう》は本教《ほんきょう》・鷲峰《じゅほう》は末教《まっきょう》との悪見に勝出《しょうしゅつ》せり。大慢波羅門《だいまんばらもん》の蘇生《そせい》なるか。無垢《むく》論師の再誕《さいたん》か。毒蛇《どくじゃ》を恐怖《くふ》し　悪賊《あくぞく》を遠離《おんり》す。破仏法《はぶっぽう》の因縁《いんねん》、破国《はこく》の因縁の金言《きんげん》是れ也。而《しか》るに人皆《みな》其《そ》の妄語《もうご》を信じ、悉《ことごと》く彼《か》の選択《せんちゃく》を貴《たっと》ぶ。故に浄土の三経を崇《あが》めて衆経《しゅきょう》を抛《なげう》ち、極楽の一仏を仰《あお》いで諸仏を忘る。誠《まこと》に是《こ》れ諸仏諸経の怨敵《おんてき》、聖僧《しょうそう》・衆人《しゅにん》の讐敵《しゅうてき》也。此《こ》の邪《じゃ》(十三紙)教《きょう》、広く八荒《はっこう》に弘まり周《あまね》く十方《じっぽう》に遍《へん》す。抑《そもそも》近年の災難を以《もっ》て往代《おうだい》を難ずるの由《よし》、強《あながち》に之《これ》を恐る。聊《いささ》か先例を引いて汝《なんじ》が迷《まよい》を悟《さと》すべ《可》し。止観《しかん》第二に史記《しき》を引いて云《いわ》く「周の末に被髪《ひはつ》・袒身《たんしん》・礼度《れいど》に依《よ》らざる者有り」と。弘決《ぐけつ》の

具に事〜

波は婆か

〜而るに　略なし

第二に此の文を釈するに、左伝《さでん》を引いて曰《いわ》く、「初め平王《へいおう》の東に遷《うつ》りしに、伊川《いせん》に被髪《ひはつ》の者の野に於《おい》て祭るを見る。識者《しきしゃ》の曰く、百年に及ばじ。其《そ》の礼《れい》先《ま》ず亡《ほろ》びぬ」と。爰《ここ》に知んぬ、徴《しるし》前《さき》に顕《あらわ》れ、災《わざわい》後《のち》に致《いた》ることを。又「阮籍《げんせき》が逸才《いつざい》なりしに蓬頭散帯《ほうとうさんたい》す。後に公卿《くぎょう》の子孫、皆之《これ》に教《なら》いて奴苟相辱《どこうあいはずかし》むる者を方《まさ》に自然《じねん》に達すといい、撙節兢持《そんせつこうじ》する者を呼んで田舎《でんしゃ》と為《な》す。司馬氏《しばし》の滅する相と為す」と。

又慈覚《じかく》大師の入唐巡礼記《にっとうじゅんれいき》を案ずるに云く、「唐の武宗《ぶそう》皇帝、会昌《かいしょう》元年、勅《ちょく》して章敬寺《しょうきょうじ》の鏡霜法師《きょうそうほっし》をして諸寺に於て弥陀《みだ》念仏の教えを伝えしむ《令》。寺毎《てらごと》に三日巡輪《じゅんりん》すること絶《た》えず。同二年、廻鶻国《かいこつこく》の輩兵等唐の堺《さかい》を侵《おか》す。同三年、河北《かほく》の節度使《せつどし》忽《たちま》ち乱を起す。其《そ》の後大蕃国《だいばんこく》更た命《めい》を拒《こば》み、廻鶻国《かいこつこく》重ねて地を奪う。凡《およ》そ兵乱は秦項《しんこう》の代《よ》に

と
略は已上

輩
略は軍
軍か

同じく災火《さいか》、邑里《ゆうり》の際《あいだ》に起《おこ》る。何《いか》に況《いわ》んや武宗《ぶそう》大《おおい》に仏法を破《は》し、多く寺塔《じとう》を滅《ほろぼ》す。乱を撥《おさ》むること能《あた》わずして、遂《つい》に以《もっ》て事《こと》有り」已上取意。

此《こ》れを以て之《これ》を惟《おも》うに、法然《ほうねん》は後鳥羽院《ごとばいん》の御宇《ぎょう》・建仁《けんにん》年中《ねんちゅう》の者也。彼の院の御事《おんこと》既《すで》に眼前《がんぜん》に在《あ》り。然《しか》れば則《すなわ》ち大唐《だいとう》に例を残し、吾《わ》が朝《ちょう》に証《しょう》を顕《あらわ》す。汝《なんじ》疑うこと莫《な》かれ、汝怪《あやし》むこと莫かれ。唯須《ただすべから》く凶《きょう》を捨てて善《ぜん》に帰《き》し、源《みなもと》を塞《ふさ》ぎ根を截《たつ》べし。

客、聊《いささ》か和《やわら》ぎて曰《いわ》く、未《いま》だ淵底《えんでい》を究《きわ》めざるに、数《しばし》ば其《そ》の趣《おもむき》を知る。但《ただ》し華洛《からく》より柳営《りゅうえい》に至《いた》るまで釈門《しゃくもん》に枢楗《すうけん》在《あ》り、仏家《ぶっか》に棟梁《とうりょう》在り。然《しか》り而《しか》して未《いま》だ勘状《かんじょう》を進《まい》らせず、上奏《じょうそう》に及ばず、汝賤《いやしき》身《み》を以て輙《たやす》く莠言《ゆうげん》を吐《は》く。其《そ》の義《ぎ》余り有り、其の理謂《いわ》れ無し。

而 略なし

主人の曰く、予少量《よしょうりょう》為《た》りと雖《いえど》も忝《かたじけな》くも大乗を学す。蒼蠅《そうよう》驥《き》尾《び》に附《ふ》して万里《ばんり》を渡り碧蘿《へきら》松頭《しょうとう》に懸《かか》りて千尋《せんじん》を延《の》ぶ。弟子《でし》（十四紙）一仏《いちぶつ》の子と生《うま》れて諸経の王に事《つか》う。何ぞ仏法の衰微《すいび》を見て心情の哀惜《あいせき》を起《おこ》さざらんや。

法華経に云《いわ》く、「薬王《やくおう》、今汝《なんじ》に告《つ》ぐ。我が所説の諸経あり。而《しか》も此《こ》の経の中に於《おい》て法華最《もっと》も第一なり」。又云く、「我《わ》が所説の経典は無量千万億《せんまんおく》にして、已《すで》に説き、今説き、当《まさ》に説かん。而《しか》も其《そ》の中に於て此の法華経は最も為難信難解《これなんしんなんげ》なり」。又云く、「文殊師利《もんじゅしり》、此の法華経は諸仏如来《しょぶつにょらい》の秘密の蔵《ぞう》なり。諸経の中に於て最も其の上に在《あ》り」。又云く、「衆山《しゅざん》の中に須弥山《しゅみせん》為《これ》第一なり。衆星《しゅせい》の中に月天子《がってんし》最も為《これ》第一なり」。又

法華経の引用　略なし

「日天子《にってんし》の如《ごと》く能《よ》く諸《もろもろ》の闇《やみ》を除《のぞ》く」。又「大梵天王《だいぼんてんのう》の如く一切衆生《いっさいしゅじょう》の父なり。能く是《こ》の経典を受持《じゅじ》すること有らん者も、亦復是《またまたか》くの如し、一切衆生の中に於《おい》て亦為《またこれ》第一なり」と。

大涅槃経《だいねはんきょう》に云《いわ》く、「若《も》し善比丘《ぜんびく》あって、法を壊《やぶ》る者を見て　略　其上涅槃経云

置いて呵嘖《かしゃく》し駆遣《くけん》し挙処《こしょ》せずんば、当《まさ》に知るべし、是《こ》の人は仏法の中の怨《あだ》なり。若し能《よ》く駆遣し呵嘖し挙処せば、是《これ》我が弟子《でし》、真《しん》の声聞《しょうもん》也」と。

法華経に云く、「我身命《われしんみょう》を愛せず、但無上道《ただむじょうどう》を惜《お》しむ」と。　法華経の引用　略なし

大涅槃経に云く「譬《たと》えば王の使《つかい》の善能談論《よくだんろん》して、方便《ほうべん》に　大涅槃経の引用　略なし

巧《たくみ》なる命《めい》を他国に奉《たてまつ》るに寧《むし》ろ身命を喪《うしな》うとも、終《つい》に王の所説《しょせつ》の言教《ごんきょう》を匿《かく》さざるが如し。智者《ちしゃ》も亦爾《またしか》なり。凡夫《ぼんぷ》の中に於て身命《しんみょう》を惜《おし》まず。要必《かなら》ず大乗方等如来《だいじょうほうとうにょらい》の秘蔵《ひぞう》、

一切衆生に皆仏性《ぶっしょう》有りと宣説《せんぜつ》すべし」已上経文。

余《よ》、善比丘《ぜんびく》の身為《な》らずと雖《いえど》も、仏法中怨《ぶっぽうちゅうおん》の責《せめ》を遁《のが》れんが為《ため》に、唯大綱《ただたいこう》を撮《と》つて粗一端《ほぼいったん》を示す。

其《そ》の上、去る元仁年中《げんにんねんちゅう》に、延暦《えんりゃく》・興福《こうふく》の両寺より度度《たびたび》奏問《そうもん》を経《へ》、勅宣《ちょくせん》・御教書《みぎょうしょ》を申し下して、法然《ほうねん》の選択《せんちゃく》の印板《いんばん》を大講堂《だいこうどう》に取り上げ、三世《さんぜ》の仏恩《ぶつおん》を報ぜんが為《ため》に、之《これ》を焼失《しょうしつ》せし《令》む。法然の墓所《はかしょ》に於ては、感神《かんじん》の犬神人《いぬじにん》に仰《おお》せ付けて破却《はきゃく》せし《令》む。其《そ》の門弟の隆観《りゅうかん》・聖光《しょうこう》・成覚《じょうかく》・薩生《さっしょう》等は遠国《おんごく》に配流《はいる》せらる。其の後未《いま》だ御勘気《ごかんき》を許されず。豈《あに》未だ勘状《かんじょう》を進《まい》らせずと云《い》わんや。

客、則《すなわ》ち和《やわ》ぎて曰《いわ》く、経を下《くだ》し僧を謗《ぼう》ずること一人《いちにん》には論じ難《がた》し。然《しか》れども大乗
（十五紙）経六百三十七部二千八百八十三巻、并《なら》びに一切《いっさい》の諸仏・

問　略は聞　聞か
感神は感神院《かんじんいん》か
竝→并

菩薩《ぼさつ》及び諸《もろもろ》の世天《せてん》等を以《もっ》て、捨閉閣抛《しゃへいかくほう》の四字に載《の》す。詞《ことば》は勿論《もちろん》也。其《そ》の文顕然《もんけんねん》也。此《こ》の瑕瑾《かきん》を守つて其の誹謗《ひぼう》を成《な》せども、迷《まよ》うて言うか《歟》覚《さと》りて語るか《歟》。賢愚弁《けんぐべん》ぜず、是非《ぜひ》定め難《がた》し。但《ただ》し災難の起《おこ》りは選択《せんちゃく》に因《よ》るの由《よし》、盛《さか》んに其の詞《ことば》を増し、弥《いよい》よ其の旨《むね》を談ず。所詮《しょせん》天下泰平《たいへい》・国土安穏《あんのん》は君臣の楽《ねが》う所土民《どみん》の思う所也。夫《そ》れ国は法に依《よ》つて昌《さか》え、法は人に因《よ》つて貴《たっと》し。国亡び人滅《めっ》せば、仏を誰《たれ》か崇《あが》むべ《可》き、法を誰か信ずべ《可》きや。先《ま》ず国家を祈りて須《すべから》く仏法を立つべし。若《も》し災《わざわい》を消し難を止《とど》むるの術《じゅつ》有《あ》らば聞かんと欲《ほっ》す。

主人の曰《いわ》く、余《よ》は是頑愚《これがんぐ》にして敢《あえ》て賢《けん》を存《そん》せず。唯《ただ》経文に就《つ》いて聊《いささ》か所存《しょぞん》を述べん。抑治術《そもそもちじゅつ》の旨《むね》、内外《ないげ》の間《あいだ》其の文幾多《いくばく》ぞや。具《つぶさ》に挙ぐべ《可》きこと難《かた》し。但《ただ》し仏道に

増　略なし

入《い》って数《しばし》ば愚案《ぐあん》を廻《めぐら》すに、謗法《ほうぼう》の人を禁《いまし》めて正道《しょうどう》の侶《りょ》を重《おも》んぜば、国中《こくちゅう》安穏《あんのん》にして天下泰平《たいへい》ならん。即《すなわ》ち涅槃経《ねはんきょう》に云《いわ》く、「仏の言《のたまわ》く、唯《ただ》一人を除いて余《よ》の一切《いっさい》に施《ほどこ》さば皆讃歎《さんたん》すべ《可》し。純陀《じゅんだ》問うて言《い》わく、云何《いか》なるをか名《なづ》けて唯除一人《ゆいじょいちにん》と為《な》すや。仏の言《のたまわ》く、此《こ》の経の中に説く所の如《ごと》きは破戒《はかい》なり。純陀復《また》言わく、我《われ》今未《いま》だ解《げ》せず。唯願《ただねが》わくば之《これ》を説きたまえ。仏、純陀に語って言《のたまわ》く、破戒とは謂《いわ》く一闡提《いっせんだい》なり。其《そ》の余《よ》の在所《あらゆる》一切に布施《ふせ》すれば皆讃歎すべ《可》く大果報《だいかほう》を獲《え》ん。純陀復《また》問いたてまつる。一闡提とは其《そ》の義《ぎ》云何《いか》ん。仏言《のたまわ》く、純陀、若し比丘《びく》及び比丘尼《びくに》・優婆塞《うばそく》・優婆夷《うばい》有って、麤悪《そあく》の言《ことば》を発し正法《しょうぼう》を　正法〜略は日通の写し
誹謗《ひぼう》し、是《こ》の重業《じゅうごう》を造《つく》って永く改悔《かいげ》せず、心に懺悔《ざんげ》無《なか》らん。是《か》くの如き等の人を名《なづ》けて一闡提の道《どう》に趣向《しゅこう》す

と為《な》す。若《も》し四重《しじゅう》を犯《おか》し五逆罪《ごぎゃくざい》を作り、自《みずか》ら定めて是《か》くの如《ごと》き重事《じゅうじ》を犯すと知れども、而《しか》も心に初めより怖畏《ふい》・懺悔《ざんげ》無く、肯《あえ》て発露《はつろ》せず、彼《か》の正法《しょうほう》に於《おい》て永く護惜建立《ごしゃくこんりゅう》の心無く、毀呰《きし》・軽賤《きょうせん》して言《ことば》に過咎《かぐ》多からん。是《か》くの如き等を亦《また》

（十六紙）一闡提《いっせんだい》の道《どう》に趣向《しゅこう》すと名《なづ》く。唯《ただ》此《か》くの如き一闡提の輩《やから》を除いて、其《そ》の余《よ》に施《ほどこ》さば一切讃歎《いっさいさんたん》せん」。又云《いわ》く、「我往昔《われむかし》を念《おも》うに、閻浮提《えんぶだい》に於て大国の王と作《な》れり、名を仙予《せんよ》と曰《い》いき。大乗経典を愛念《あいねん》し敬重《けいじゅう》し、其の心純善《じゅんぜん》に麤悪《そあく》・嫉恡《しつりん》有ること無し。善男子、我爾《われそ》の時に於て心に大乗を重《おも》んず。婆羅門《ばらもん》の方等《ほうとう》を誹謗《ひぼう》するを聞き、聞き已《おわ》つて即時に其《そ》の命根《みょうこん》を断ず。善男子《ぜんなんし》、是《こ》の因縁《いんねん》を以《もっ》て是《こ》れ従《よ》り已来地獄《いらいじごく》に堕《だ》せず」。

婆　略は波

ここまで　略　日通の写し

又云く、「如来《にょらい》は昔、国王と為《な》りて菩薩の道《どう》を行ぜし時、爾所《そこばく》の婆羅門の命《いのち》を断絶《だんぜつ》す」。又云く、「殺《せつ》に三《みっつ》有り。謂《いわ》く下・中・上なり。下とは蟻子《ぎし》乃至《ないし》一切《いっさい》の畜生《ちくしょう》なり。唯《ただ》菩薩の示現生《じげんしょう》の者を除《のぞ》く。下殺《げせつ》の因縁を以て地獄・畜生・餓鬼《がき》に堕《だ》して具《つぶさ》に下《げ》の苦を受く。何を以ての故に。是の諸《もろもろ》の畜生に微《わずか》の善根有り。是の故に、殺す者は具《つぶさ》に罪報《ざいほう》を受く。中殺《ちゅうせつ》とは凡夫《ぼんぷ》の人従《よ》り阿那含《あなごん》に至《いた》るまで是《これ》を名《なづ》けて中《ちゅう》と為《な》す。是《こ》の業因《ごういん》を以て地獄・餓鬼に堕《だ》して、具《つぶさ》に中の苦を受く。上殺《じょうせつ》とは父母乃至阿羅漢《あらかん》・辟支仏《ひゃくしぶつ》・畢定《ひつじょう》の菩薩なり。阿鼻《あび》大地獄の中に堕《だ》す。善男子《ぜんなんし》、若し能《よ》く一闡提《いっせんだい》を殺すこと有らん者は、則《すなわ》ち此《こ》の三種の殺《せつ》の中に堕せず。善男子、彼の諸《もろもろ》の婆羅門等は一切《いっさい》皆是《こ》れ一闡提也」と。

道　略なし
婆　略は波
略は地獄・畜生・餓鬼
婆　略は波
と　略は已上

仁王経《にんのうきょう》に云《いわ》く、「仏、波斯匿王《はしのくおう》に告げたまわく、是《こ》の故に諸《もろもろ》の国王に付属《ふぞく》して、比丘《びく》・比丘尼《びくに》に付属せず。何を以《もっ》ての故に。王のごとき威力《いりき》無ければなり」と。

と　略は已上

涅槃経《ねはんきょう》に云く、「今、無上《むじょう》の正法《しょうぼう》を以て諸王・大臣・宰相《さいしょう》・及び四部《しぶ》の衆《しゅ》に付属す。正法を毀《そし》る者をば大臣・四部の衆当《まさ》に苦治《くじ》すべし」。又云く、「仏言《のたまわ》く、迦葉《かしょう》、能《よ》く正法を護持《ごじ》する因縁《いんねん》を以ての故に、是の金剛身《こんごうしん》を成就《じょうじゅ》することを得《え》たり。善男子、正法を護持《ごじ》せん者は五戒《ごかい》を受けず。威儀《いぎ》を修せず、応《まさ》に刀剣《とうけん》・弓箭《きゅうせん》・鉾槊《むさく》を持すべし」。又云く、「若《も》し五戒を受持せん者有らば、名《なづ》けて大乗《だいじょう》の人と為《な》すことを得《え》ず。五戒を受けざれども、正法を護るを為《もっ》て乃《すなわ》ち大乗と名《なづ》く。正法を護《まも》る者は当《まさ》に刀剣器仗《とうけんきじょう》を執持《しゅうじ》すべし。刀杖《とうじょう》を持《じ》すと雖《いえど》も、我《われ》

（十七紙）是《こ》れ等《ら》を説きて名《なづ》けて持戒《じかい》と曰《い》わん」。又云く、「善男子、過去の世に此《こ》の拘尸那城《くしなじょう》に於《おい》て、仏の世に出《い》でたまうこと有りき。歓喜増益如来《かんきぞうやくにょらい》と号《ごう》したてまつる。仏涅槃《ねはん》の後、正法世に住すること無量億歳《むりょうおくさい》なり。余《よ》の四十年仏法未《いま》だ滅せず。爾《そ》の時に一の持戒の比丘《びく》有り。名を覚徳《かくとく》と曰《い》う。爾《そ》の時に多く破戒《はかい》の比丘有り。是《こ》の説を作《な》すを聞きて皆悪心を生じ、刀杖《とうじょう》を執持《しゅうじ》し是の法師《ほっし》を逼《せ》む。是の時の国王、名《なづ》けて有徳《うとく》と曰《い》う。是の事を聞き已《おわ》つて護法《ごほう》の為《ため》の故に即便《すなわ》ち説法者の所に往至《おうし》して、是の破戒の諸《もろもろ》の悪比丘と極《きわ》めて共に戦闘《せんとう》す。爾《そ》の時に説法者、厄害《やくがい》を免《まぬか》るることを得たり。王、爾の時に於て身に刀剣・鉾槊《むさく》の瘡《きず》を被《こうむ》り、体に完《まった》き処《ところ》は芥子《けし》の如《ごと》き許《ばか》りも無し。爾《そ》の時に覚徳《かくとく》、尋《つ》いで王を讃《ほ》めて言わく、善《よ》き哉《かな》善き哉。王、今、真《しん》に是《こ》れ

滅　略なし

鉾槊　略は箭槊

正法《しょうほう》を護《まも》る者なり。当来《とうらい》の世に此《こ》の身当《まさ》に無量の法器《ほうき》と為《な》るべし。王、是《こ》の時に於《おい》て法を聞くことを得已《えおわ》つて心大《おおい》に歓喜し、尋《つ》いで即《すなわ》ち命終《みょうじゅう》して阿閦仏《あしゅくぶつ》の国に生ず。而《しか》も彼《か》の仏の為《ため》に第一の弟子と作《な》る。其《そ》の王の将従《しょうじゅう》・人民《にんみん》・眷属《けんぞく》・戦闘有りし者、歓喜有りし者、一切菩提《いっさいぼだい》の心を退《たい》せず、命終して悉《ことごと》く阿閦仏の国に生ず。覚徳比丘《かくとくびく》却《かえ》つて後、寿《いのち》終《おわ》つて亦《また》阿閦仏の国に往生《おうじょう》することを得て、彼《か》の仏の為に声聞衆中《しょうもんしゅうちゅう》の第二の弟子と作《な》る。若《も》し正法尽《つ》きんと欲すること有らん時、当《まさ》に是《か》くの如《ごと》く受持し擁護《おうご》すべし。迦葉《かしょう》、爾《そ》の時の王とは則《すなわ》ち我が身是《こ》れなり。説法の比丘は迦葉仏《ぶつ》是れなり。迦葉、正法を護《まも》る者は、是くの如き等の無量の果報《かほう》を得ん。是の因縁《いんねん》を以《もっ》て我今日《われこんにち》に於て種種《しゅじゅ》の相《そう》を得て、以て自《みずか》ら荘厳《しょうごん》し法身不可壊《ほっしんふかえ》の身を成《な》す。仏、迦葉《かしょう》菩薩《ぼさつ》に告げたまわく、是《こ》の故に法を護《まも》らん優婆塞《うばそく》等は、応《まさ》に刀杖《とうじょう》を執持《しゅうじ》して擁護《おうご》すること是くの如くなるべし。善男子《ぜんなんし》、我涅槃《われねはん》の後、濁悪《じょくあく》の世に国土荒乱《こうらん》し、互《たがい》に相《あい》抄掠《しょうりゃく》し人民《にんみん》飢餓《きが》せん。爾《そ》の時に多く飢餓の為《ため》の故に発心《ほっしん》出家《しゅっけ》するもの有らん。是くの如きの人を名《なづ》けて禿人《とくにん》と為《な》す。是の禿人の輩《やから》、正法を護持するを見て（十八紙）駆逐《くちく》して出《いだ》さしめ《令》、若《も》しは殺し、若しは害せん。是の故に我今《われいま》、持戒《じかい》の人、諸《もろもろ》の白衣《びゃくえ》の刀杖《とうじょう》を持つ者に依《よ》つて、以て伴侶《はんりょ》と為《な》すことを聴《ゆる》す。刀杖を持《じ》すと雖《いえど》も、我是《われこ》れ等《ら》を説いて名《なづ》けて持戒《じかい》と曰《い》わん」と。

略「曰わん」のあと「刀杖を持すと雖も命を断ずべからず」とあり

法華経に云《いわ》く、「若し人信ぜずして、此《こ》の経を毀謗《きぼう》せば即《すなわ》ち一切世間の仏種《ぶっしゅ》を断《だん》ぜん」。又云く、「経を読誦《どくじゅ》し

又云く～懐かん　略なし

書持《しょじ》すること有らん者を見て、軽賤憎嫉《きょうせんぞうしつ》して結恨《けっこん》を懐《いだ》かん。乃至其《ないしそ》の人命終《みょうじゅう》して阿鼻獄《あびごく》に入《い》らん」已上経文。

已上経文　略は已上

夫《そ》れ経文顕然《けんねん》なり。私の詞《ことば》何ぞ加えん。凡《およ》そ法華経の如《ごと》くんば、大乗経典を謗《ぼう》ずる者は無量の五逆《ごぎゃく》に勝《すぐ》れたり。故に阿鼻大城《あびだいじょう》に堕《だ》して永く出《いず》る期無《ごな》けん。涅槃経《ねはんきょう》の如くんば、設《たと》い五逆の供《く》を許すとも謗法《ほうぼう》の施《せ》を許さず。蟻子《ぎし》を殺す者は必ず三悪道《さんあくどう》に落つ。謗法を禁ずる者は不退《ふたい》の位《くらい》に登る。所謂覚徳《いわゆるかくとく》とは是《こ》れ迦葉仏《かしょうぶつ》なり。有徳《うとく》とは則《すなわ》ち釈迦文《しゃかもん》なり。

法華・涅槃《ねはん》の経教《きょうぎょう》は一代五時《いちだいごじ》の肝心《かんじん》なり。八万法蔵《はちまんほうぞう》の眼目《がんもく》也。其《そ》の禁《いましめ》、実《じつ》に重し。誰《たれ》か帰仰《きごう》せざらんや。而《しか》るに謗法の族《やから》、正道《しょうどう》を忘るるの人、剰《あまつさ》え法然《ほうねん》の選択《せんちゃく》に依《よっ》て、弥《いよい》よ愚癡《ぐち》の盲瞽《もうこ》を増す。是《ここ》を以《もっ》て或《あるい》は彼《か》の遺体《いたい》を忍《しの》びて、

八万法蔵の眼目也　略なし

木画《もくえ》の像に露《あらわ》し、或《あるい》は其《そ》の妄説《もうせつ》を信じて、莠言《ゆうげん》の模《かたぎ》に彫《ほ》り、之《これ》を海内《かいだい》に弘め之を擲外《かくがい》に翫《もてあそ》ぶ。仰《あお》ぐ所は則《すなわ》ち其《そ》の家風《かふう》、施《ほどこ》す所は則ち其の門弟なり。然《しか》る間、或は釈迦の手の指を切つて弥陀《みだ》の印相《いんそう》に結び、或は東方如来《とうほうにょらい》の鴈宇《がんう》を改めて西土《さいど》教主《きょうしゅ》の鵝王《がおう》を居《す》え、或は四百余廻の如法経《にょほうきょう》を止《とど》めて　廻は回か
浄土の三部経と成《な》し、或は天台大師を停《とど》めて善導《ぜんどう》　略は　西方浄土　天台大師講
の講《こう》と為す。此《か》くの如き群類《ぐんるい》其《そ》れ誠《まこと》に尽《つ》くし難《がた》し。是《こ》れ破仏《はぶつ》に非《あら》ずや、是れ破法《はほう》に非ずや、是れ破僧《はそう》に非ずや。是れ亡国《ぼうこく》の因縁《いんねん》に非ずや。此《こ》の邪義《じゃぎ》は則《すなわ》ち選択《せんちゃく》に依《よ》る也。　是れ亡国～非ずや　略なし
嗟呼《ああ》悲しい哉《かな》、如来誠諦《じょうたい》の禁言《きんげん》に背《そむ》くこと。哀《あわれ》なるかな、愚侶《ぐりょ》の迷惑《めいわく》の麤語《そご》に随《したが》うこと。早く天下の静謐《せいひつ》を思わば、須《すべか》らく国中《こくちゅう》の謗法を断《た》つべし。

客の曰《いわ》く、若《も》し謗法の輩《やから》を断じ、若し仏禁《ぶっきん》の違《い》を絶《ぜっ》せんに

は経文の如《ごと》く斬罪《ざんざい》に行うべき《可》か。若《も》し然《しか》らば殺害相加《さつがいあいくわわ》って
経文　略は彼経文
（十九紙）罪業何《ざいごういか》んが為《せ》んや。
則《すなわ》ち、大集経《だいじっきょう》に云《いわ》く、「頭《こうべ》を剃《そ》り袈裟《けさ》を著《ちゃく》せば持戒《じかい》及び毀戒《きかい》をも、天人彼《てんにんかれ》を供養すべ《可》し。則ち我《われ》を供養するに
則ち我　略は則ち彼
為《な》りぬ。是《こ》れ我が子なり。若し彼を撾打《かだ》すること有らば、則ち我が子を打つに為《な》りぬ。若し彼を罵辱《めにく》せば、則ち我を毀辱《きにく》するに為《な》りぬ」と。
仁王経《にんのうきょう》に云く、「大王、法末世《ほうまっせ》の時、乃至《ないし》法に非《あら》ず律《りつ》に
仁王経の引用　略なし
非ず、比丘《びく》を繋縛《けばく》すること獄囚《ごくしゅう》の法の如くす、乃至諸《もろもろ》の小国の王、自《みずか》ら此の罪を作《な》せば破国《はこく》の因縁《いんねん》、身に自ら之《これ》を受けん」と。又大集経に云く、「仏言《のたまわ》く、大梵《だいぼん》、我今汝《われいまなんじ》が
大集経の引用　略なし
為《ため》に且《しばら》く略《りゃく》して之を説かん。若し人有って万億《まんおく》の仏の所に於《おい》て其《そ》の身の血を出《いだ》さん。意《こころ》に於て云何《いかん》。是の人の罪を

得ること寧《むし》ろ多しと為《せ》んや不《いな》や。大梵王言《だいぼんのうもう》さく、若し人但一仏《ただいちぶつ》の身の血を出《いだ》さんも、無間《むけん》の罪を得んこと尚《なお》多く無量にして算数《さんじゅ》すべ可《か》らず。阿鼻大地獄《あびだいじごく》の中に堕《お》つ。何《いか》に況《いわ》んや具《つぶさ》に万億の諸仏の身の血を出《いだ》さん者をや。終《つい》に能《よ》く広く彼《か》の人の罪業《ざいごう》の果報《かほう》を説くもの有ること無《な》けん。唯《ただ》如来《にょらい》を除く。仏言《のたまわ》く、大梵《だいぼん》、若し我が為《ため》に鬚髪《しゅほつ》を剃除《ていじょ》し、袈裟《けさ》を著《ちゃく》して片《かた》ときも禁戒《きんかい》を受けず、受けて而《しか》も犯《おか》す者を悩乱《のうらん》し罵辱《めにく》し打縛《ちょうばく》すること有らば、罪を得ること彼《か》れよりも多し」。又云く、「刹利《せつり》国王及以《および》諸《もろもろ》の事を断ずる者、乃至我が法の中に於て出家する者、大殺生《だいせっしょう》・大偸盗《だいちゅうとう》・大非梵行《だいひぼんぎょう》・大妄語《だいもうご》及び余《よ》の不善《ふぜん》を作《な》すとも、是《か》くの如き等の類《たぐい》、乃至若しは鞭打《べんちょう》するは理応《りおう》ぜず、又口業《くごう》に罵辱《めにく》すべからず。一切《いっさい》其《そ》の身に罪を加うべからず。若し故《ことさ》らに法に違《い》せば、乃至《ないし》必定《ひつじょう》して阿鼻地獄《あびじごく》に帰趣《きしゅ》せん」。又云《いわ》く、当来《とうらい》の世に悪の衆生《しゅじょう》有って三宝《さんぽう》の中に於《おい》て少《すこ》しく善業《ぜんごう》を作《な》し、若《も》しは布施《ふせ》を行じ、若しは復《また》戒を持《たも》ち諸《もろもろ》の禅定《ぜんじょう》を修せん。其《そ》れ是《か》くの如《ごと》き少し許《ばか》りの善根《ぜんこん》を以《もっ》て諸の国王と作《な》って、愚癡無智《ぐちむち》にして慙愧《ざんき》有ること無く、憍慢熾盛《きょうまんしじょう》にして慈愍《じみん》有ること無く、後世《ごせ》の怖畏《くふ》すべ《可》き事を観ぜず。彼等我が諸の所有声聞《あらゆるしょうもん》の弟子を悩乱《のうらん》し打縛罵辱《ちょうばくめにく》せん、乃至阿鼻に堕在《だざい》せん」等云云《うんぬん》。

ここまで略なし

料《はか》り知《し》んぬ。善悪を論ぜず、是非《ぜひ》を択《えら》ぶこと無《な》く僧侶為《た》らんに於ては

（二十紙）供養《くよう》を展《の》ぶべ《可》し。何ぞ其《そ》の子を打辱《だにく》して忝《かたじけな》くも其の父を悲哀《ひあい》せしめん。彼《か》の竹杖《ちくじょう》の目連尊者《もくれんそんじゃ》を害《がい》せしや、永く無間《むけん》の底に沈み、提婆達多《だいばだった》の蓮華比丘尼《れんげびくに》を殺せしや、久しく

阿鼻の焔《ほのお》に咽《むせ》ぶ。先証斯《こ》れ明《あきら》かなり、後昆《こうこん》最も恐《おそれ》あり。謗法《ほうぼう》を誡《いまし》むるには似たれども既《すで》に禁言《きんげん》を破る。此の事信じ難《がた》し。如何《いかん》が意得《こころえ》んや。

主人の曰《いわ》く、客明《あきら》かに経文を見て、猶斯《なおこ》の言《ことば》を成す。心の及ばざるか、理の通ぜざるか。全《まった》く仏子《ぶっし》を禁《いまし》むるには非《あら》ず、唯偏《ただひとえ》に謗法を悪《にく》む也。汝《なんじ》が上《かみ》に引く所の経文は、専《もっぱ》ら持戒《じかい》の正見《しょうけん》、破戒《はかい》・無戒《むかい》の正見の者也。今悪《にく》む所は持戒の邪見《じゃけん》、破戒の破見、無戒の悪見の者也。

夫《そ》れ釈迦の以前、仏教は其《そ》の罪を斬《き》ると雖《いえど》も能忍《のうにん》の以後経説は則《すなわ》ち其の施《せ》を止《とど》む。此《こ》れは又一途《いちず》也。月氏国《がっしこく》の戒日大王《かいにちだいおう》は聖人《せいじん》也。其の上首《じょうしゅ》を罰して五天《ごてん》の余党《よとう》を誡《いまし》む。尸那国《しなこく》の宣宗《せんそう》皇帝は賢王《けんおう》也。道士《どうし》一十二人を誅《ちゅう》して九州の仏敵《ぶってき》を止《とど》む。彼《かれ》は外道《げどう》也、道士也。其の罪是《こ》れ

汝が〜
〜者也　略なし
能忍　略は能仁
此れは〜

軽し。是《こ》れは内道《ないどう》也、仏弟子《ぶつでし》也。其《そ》の罪最も重し。速《すみや》かに
重科《じゅうか》に行え。　〜行え　略なし

然《しか》れば則《すなわ》ち、四海万邦《しかいばんぽう》、一切《いっさい》の四衆《ししゅ》、其の悪に施《ほどこ》さず、皆此《こ》の善に帰《き》せば、何《いか》なる難か並び起り、何なる災《わざわい》か競《きそ》い来《きた》らん。

客、則ち席を避《さ》け、襟《えり》を刷《つくろ》いて曰《いわ》く、仏教斯《か》く区《まちまち》にして旨趣《ししゅ》窮《きわ》め難《がた》く、不審多端《ふしんたたん》にして理非《りひ》明《あきら》かならず。但《ただ》し法然聖人《ほうねんしょうにん》の選択《せんちゃく》現在也。諸仏・諸経・法華経・教主釈尊《きょうしゅしゃくそん》　法華経・教主釈尊　略なし
諸菩薩・諸天・天照太神《てんしょうだいじん》・正八幡《しょうはちまん》等を以《もっ》て捨閉閣抛《しゃへいかくほう》　天照太神・正八幡　略なし
の悪言を載《の》す。其《そ》の文顕然《もんけんねん》也。茲《こ》れに因《よ》って聖人《しょうにん》国を去り　悪言　略なし
善神《ぜんじん》所を捨てて、天下飢渇《きかつ》し世上疫病《せじょうえきびょう》す等と、今《いま》主人　等　略なし
広く経文を引いて明かに理非を示す。故に妄執既《もうしゅうすで》に飜《ひるがえ》り、耳目数《じもくしばし》ば

（二十一紙）朗《あきら》かなり。所詮《しょせん》、国土泰平《こくどたいへい》・天下安穏《てんかあんのん》は一人《いちにん》より万民《ばんみん》に至《いた》るまで好《この》む所也、楽《ねが》う所也。早く一闡提《いっせんだい》の施《せ》を止《とど》め、謗法《ほうぼう》の根を切り、永く衆僧尼《しゅそうに》の供《く》を致《いた》し、智者《ちしゃ》の足を頂《いただ》き、仏海《ぶっかい》の白浪《はくろう》を収《おさ》め宝山《ほうざん》の緑林《りょくりん》を截《き》らば、世《よ》は羲農《ぎのう》の世と成り、国は唐虞《とうぐ》の国と為《な》らん。然《しか》して後顕密《のちけんみつ》の浅深《せんじん》を斟酌《しんしゃく》し、真言・法華の勝劣《しょうれつ》を分別《ふんべつ》し、仏家《ぶっけ》の棟梁《とうりょう》を崇重《すうちょう》し、一乗の元意《がんい》を開発《かいほつ》せん。

主人悦《よろこ》んで曰く、鳩《はと》化《け》して鷹《たか》と為《な》り、雀《すずめ》変じて蛤《はまぐり》と為る。悦《よろこば》しき哉《かな》、汝《なんじ》、蘭室《らんしつ》の友に交《まじ》わりて麻畝《まほ》の性《しょう》と成る。誠《まこと》に其《そ》の難を顧《かえり》みて、専《もっぱ》ら此の言《ことば》を信ぜば風和《やわ》らぎ浪《なみ》静かにして不日《ふじつ》に豊年《ほうねん》ならんのみ。但《ただ》し人の心は時に随《したが》って移り、物の性は境《きょう》に依《よ》って改《あらた》まる。譬《たと》えば猶《なお》水中の月の

謗法の根を切り　略なし
智者～頂き　略なし　宝山　略は法山
顕密　略は法水
真言～分別し　略なし
一乗の元意を開発せん　略なし

波に動き、陣前《じんぜん》の軍《いくさ》の剣《つるぎ》に靡《なび》くがごとし。汝《なんじ》、当座《とうざ》に信ずと雖《いえど》も後《のち》定めて永く妄《もう》ぜん。若《も》し先《ま》ず国土を安《やす》んじて現当《げんとう》を祈らんと欲《ほっ》せば、速《すみや》かに情慮《じょうりょ》を廻《めぐ》らし忩《いそい》で対治《たいじ》を加えよ。所以《ゆえん》は《者》、薬師経《やくしきょう》の七難の内、五難忽《たちまち》に起り二難猶《なお》残れり。所以《いわゆる》他国侵逼《たこくしんぴつ》の難・自界叛逆《じかいほんぎゃく》の難也。大集経《だいじっきょう》の三災の内、二災早く顕《あらわ》れ一災未《いま》だ起らず。所以兵革《ひょうかく》の災《さい》也。金光明経《こんこうみょうきょう》の内の種種《しゅじゅ》の災禍《さいか》、一一《いちいち》に起ると雖も他方の怨賊《おんぞく》国内を侵掠《しんりゃく》する、此《こ》の災未だ露《あらわ》れず。此の難未だ来《きた》らず。仁王経《にんのうきょう》の七難の内、六難今盛《さかん》にして一難未だ現ぜず、所以《いわゆる》四方の賊来《ぞくきた》つて国を侵《おか》すの難也。加之《しかのみならず》国土乱れん時は先《ま》ず鬼神《きじん》乱る。鬼神乱るるが故に万民《ばんみん》乱ると云云《うんぬん》。今此《こ》の文に就《つ》いて具《つぶさ》に事の情《こころ》を案ずるに、百鬼《ひゃっき》早く乱れ万民多く亡《ほろ》ぶ。先難《せんなん》是《こ》れ明《あきら》かなり、後災《こうさい》

妄　略は忘　忘か

所以は　略は所以者何《ゆえんはいかん》

災禍　略は災過

云云　略なし

何ぞ疑わん。若し残る所の二難悪法の科《とが》に依《よ》つて並び起り　二難　略は難
競《きそ》い来《きた》らば、其《そ》の時何《いか》んが為《せ》んや。帝王は国家を基《もとい》として
天下を治《おさ》め、人臣《じんしん》は田園を領《りょう》して世上《せじょう》を保《たも》つ。而《しか》るに
他方の賊《ぞく》来つて我が国を侵《おか》し、自界叛逆《じかいほんぎゃく》して　我　略は其　侵　略は侵逼
此《こ》の地を掠領《りゃくりょう》せば、豈《あに》驚かざらんや、豈騒《さわ》がざらんや。　此　略は其
国を失い家を滅《めっ》せば何《いず》れの所にか
（二十二紙）世を遁《のが》れん。汝須《なんじすべか》らく一身の安堵《あんど》を思わば、先《ま》ず四表《しひょう》の
静謐《せいひつ》を禱《いの》らん者か。就中《なかんずく》人の世に在《あ》るや、各《おのおの》後生《ごしょう》を恐《おそ》る。
是《こ》れを以《もっ》て或《あるい》は邪教《じゃきょう》を信じ、或は謗法《ほうぼう》を貴《たっと》ぶ。各《おのおの》是非《ぜひ》に迷う
ことを悪《にく》むと雖も、而《しか》も猶《なお》仏法に帰《き》することを哀《かな》しむ。
何ぞ同じく信心の力を以て妄《みだ》りに邪議《じゃぎ》の詞《ことば》を崇《あが》めんや。　邪議は邪義か
若し執心《しゅうしん》飜《ひるがえ》らず、亦曲意《またきょくい》猶存《なおそん》せば早く有為《うい》の郷《さと》を辞《じ》して
必ず無間《むけん》の獄《ごく》に堕《お》ちなん。所以は大集経に云《いわ》く、「若し国王　所以は　略は所以者何《ゆえんはいかん》

有つて、無量世《むりょうせ》に於《おい》て施戒慧《せかいえ》を修《しゅ》すとも、我が法の滅《めっ》せんを
見て捨てて擁護《おうご》せずんば、是《か》くの如《ごと》く種《う》ゆる所の無量の
善根《ぜんこん》、悉《ことごと》く皆滅失《めっしつ》し、乃至其《ないしそ》の王久しからずして当《まさ》に
重病に遇《あ》い、寿終《じゅじゅう》の後大地獄《のちだいじごく》に生ずべし。王の如く夫人・
太子・大臣・城主・柱師《ちゅうし》・群守《ぐんしゅ》・宰官《さいかん》も亦復《またまた》是くの如く　群　略は郡　郡か
ならん」と。
仁王経《にんのうきょう》に云《いわ》く、「人、仏教を壊《やぶ》らば、復《また》孝無く、六親《ろくしん》　孝　略は孝子　孝子か
不和《ふわ》にして天竜《てんりゅう》も祐《たす》けず、疾疫《しつえき》・悪鬼《あっき》、日に来《きた》つて　竜　略は神　疾疫　略は疾
侵害《しんがい》し、災怪首尾《さいげしゅび》し、連禍縦横《れんかじゅうおう》し、死して地獄・餓鬼《がき》・
畜生に入らん。若《も》し出《いで》て人と為《な》らば兵奴《ひょうぬ》の果報《かほう》ならん。
響《ひびき》の如く影《かげ》の如く、人の夜書くに火は滅すれども字は
存《そん》するが如く、三界《さんがい》の果報も亦復《またまた》是くの如し」と。
大品経《だいほんきょう》に云く、「破法《はほう》の業《ごう》、因縁集《いんねんあつま》るが故に無量百千　大品経の引用　略なし

万億歳大地獄の中に堕《お》つ。是の破法人の輩《やから》一大地獄従《よ》り一大地に至《いた》る。若し火劫《かこう》起らん時は、他方の大地獄の中に至り彼《か》の間に生在《しょうざい》して、一大地獄従り一大地獄に至らん。乃至是くの如く十方《じっぽう》に遍《へん》せん。乃至重罪転《うた》た薄く、或《あるい》は人身《にんしん》を得ば、盲人《もうじん》の家に生れ旃陀羅《せんだら》の家に生れ、厠《かわや》を除《はら》い死人を担《にな》う種種《しゅじゅ》の下賤《げせん》の家に生れ、若しは無眼《むげん》、若しは一眼《いちげん》、若しは眼瞎《がんかつ》、無舌《むぜつ》、無耳《むに》、無手《むしゅ》ならん」と。

大集経《だいじっきょう》に云く、「大王、当来《とうらい》の世に於て、若し刹利《せつり》・波羅門《ばらもん》・毘舎《びしゃ》・首陀《しゅだ》有り。乃至他の施《ほどこ》す所を奪わば、而《しか》も彼《か》の愚人現身《ぐにんげんしん》の中に於て二十種《にじっしゅ》の大悪果報《かほう》を得ん。何者《なにもの》か二十なる。一には諸天善神《しょてんぜんじん》皆 悉《ことごと》く遠離《おんり》せん。四には怨憎《おんぞう》悪人同じく共に聚会《しゅえ》せん。六には心狂《しんきょう》 癡乱《ちらん》

一大地は一大地獄か

大集経の引用　略なし

波は婆か

し恒《つね》に跈遶《ぼうき》多からん。十一には所愛《しょあい》の人悉《ことごと》く皆離別《りべつ》せん。十（二十三紙）五には所有《しょう》の財物《ざいもつ》五家に分散せん。十六には常に重病に遭《あ》わん。二十には常に糞穢《ふんえ》に処《しょ》し、乃至命終《ないしみょうじゅう》して命終の後阿鼻地獄《あびじごく》に堕《だ》せん」。又云《いわ》く、「曠野無水《こうやむすい》の処《ところ》に居在《きょざい》して、生じては便《すなわ》ち眼無く又手足無けん。四方の熱風来《ねっぷうきた》りて其《そ》の身に触《ふ》れ、形体楚毒猶剣《ぎょうたいそどくなおつるぎ》をもつて切るが如し。宛転《えんでん》して地に在《あ》りて、苦悩を受くること是《か》くの如《ごと》く百千種の苦あらん。然《しか》して後、命終して大海の中に生れ、宍揣《にくし》の身を受く。其の形長大《ちょうだい》にして百由旬《ひゃくゆじゅん》に満《み》つ。然も彼《か》の罪人所居《しょこ》の処は、其の身の外面《げめん》に於《おい》て一由旬《いちゆじゅん》の中に満《み》てる熱水、然も融銅《ゆうどう》の若《ごと》く、無量百千歳を経《へ》て飛禽走獣競《ひきんそうじゅうきそ》い来《きた》つて之《これ》を食《は》む。乃至其の罪漸《ようや》く薄らぎ、出《いで》て人と為《な》ることを得ば、無仏の国五濁《ごじょく》の刹《せつ》の中に生ぜん。生まるる従《よ》りして盲《もう》なり。諸根具《しょこんぐ》せず。身形醜悪《しんぎょうしゅうあく》にして人見ることを喜ばず」と。

六波羅蜜経《ろくはらみつきょう》に云く、「今地獄に在《あ》つて現に衆の苦を受け、十三の火の纏嬈《てんにょう》する所と為《な》る。二の火焔《かえん》有つて足従《よ》りして入り頂《いただき》に徹《てつ》して出《いで》ず。復《また》二の焔《ほのお》有り。頂従りして足に通して出ず。復二の焔有り。背《せ》よりして入り胸《むね》従《よ》りして出ず。復二の焔有り。胸従りして入り背よりして出ず。復二の焔有り。左脇《ひだりわき》従り入り右脇を穿《うが》ちて出ず。復二の焔有り。右脇従り入り左脇を穿ちて出ず。復一の焔有り。首従りして纏《まと》わり下る。然《しか》るに此の地獄の諸《もろもろ》の衆生《しゅじょう》の身、其の形耎弱《なんじゃく》にして熟蘇《じゅくそ》の如し。彼《か》の衆火に交絡焚熱《きょうらくふんねつ》為らる。

六波羅蜜経の引用　略なし

其《そ》の地獄《じごく》の火の焼くこと、人間の火の氎華《じょうけ》を焼くが如《ごと》く、復余燼《またよじん》無し」と。

大涅槃経《だいねはんきょう》に云《いわ》く、「善友《ぜんゆう》を遠離《おんり》し正法《しょうぼう》を聞かず。悪法に住《じゅう》せば、是《こ》の因縁《いんねん》の故に沈没《ちんぼつ》して阿鼻《あび》地獄に在《あ》つて、受くる所の身形《しんぎょう》縦横《じゅうおう》八万四千なり」と。

妙法蓮華経の第二に云く、「若《も》し人信ぜずして、此《こ》の経を毀謗《きぼう》せば則《すなわ》ち一切世間の仏種《ぶっしゅ》を断ぜん。或は復嚬蹙《またひんしゅく》して疑惑を懐《いだ》かん。乃至《ないし》経を読誦《どくじゅ》し書持《しょじ》する有らん者を見て、軽賤憎嫉《きょうせんぞうしつ》し、而《しか》も結恨《けっこん》を懐《いだ》かん。此《こ》の人の罪報を汝《なんじ》今復《また》聴《き》け。其《そ》の人命終《みょうじゅう》して阿鼻獄に入らん。一劫《いっこう》を具足《ぐそく》して劫《こう》尽きなば更《また》生じ、是《か》くの如く展転《てんでん》して無数劫《むしゅこう》に至《いた》らん。乃至此《ここ》に於《おい》て死し已《おわ》つて更《さら》に蟒身《もうしん》を受けん。其の形長大にして五百由旬《ゆじゅん》ならん」

大涅槃経　略は涅槃経
沈没　略は沈沈
略　法華経第二云
則ち一切世間の〜
〜今復聴け　略なし
一劫を具足して〜
〜五百由旬ならん　略なし

と。同第七に云く、
略　又同第七巻不軽品云

（二十四紙）「四衆《ししゅ》の中に瞋恚《しんに》を生じ心不浄《ふじょう》なる者有り。悪口《あっく》
四衆〜

罵詈《めり》して言わく、是の無智の比丘《びく》、衆人或は杖木瓦石《じょうもくがしゃく》を以て之《これ》を打擲《だちゃく》す。千劫《せんごう》阿鼻地獄に於て大苦悩を受く」已上。
〜擲す　略なし　已上　略なし

広く衆経を披《ひら》きたるに、専《もっぱら》謗法《ほうぼう》を重んず。悲しい哉《かな》、日本国、
日本国　略なし

皆正法の門を出《い》でて深く邪謗《じゃほう》の獄《ごく》に入る。愚《おろか》なるかな、
邪謗　略は邪法

上下万人、各《おのおの》悪教の綱《つな》に懸《かか》って鎮《とこしなえ》に謗教《ぼうきょう》の網《あみ》に纏《まとわ》る。
上下万人　略なし

此《こ》の朦霧《もうむ》の迷《まよい》、彼《か》の盛焔《じょうえん》の底に沈む。是れ愁《うれ》えざらんや、豈《あに》
是　略は豈

苦まざらんや。汝《なんじ》早く信仰の寸心《すんしん》を改めて、速《すみや》かに実乗《じつじょう》の一善《いちぜん》に帰《き》せよ。然《しか》らば則《すなわ》ち三界《さんがい》は皆仏国也。仏国其《そ》れ衰《おとろえ》んや。十方《じっぽう》は悉《ことごと》く宝土也。宝土何ぞ懐《やぶ》れんや。国に
懐　略は壊　壊か

衰微《すいび》無く土に破懐《はえ》無《なく》んば身は是《こ》れ安全、心は是れ禅定《ぜんじょう》
懐　略は壊　壊か

ならん。此《こ》の言《ことば》此の詞《ことば》信ずべ《可》く崇《あが》むべ《可》し。
此の詞　略なし

客の曰《いわ》く、今生《こんじょう》後生《ごしょう》誰《たれ》か慎《つつし》まざらん、誰か和《したが》わざらん。此《こ》の経文を披《ひら》いて具《つぶさ》に仏語《ぶつご》を承《うけたまわ》るに、誹謗《ひぼう》の科《とが》至《いた》つて重く毀謗《きぼう》の罪《つみ》誠《まこと》に深し。我一仏《いちぶつ》を信じて諸仏を抛《なげう》ち、三経を仰《あお》いで諸経を閣《さしお》きしは、是《こ》れ私曲《しきょく》の思に非《あら》ず。則《すなわ》ち先達《せんだつ》の詞《ことば》に随《したが》いしなり。十方《じっぽう》の諸人も亦復《またまた》是《か》くの如《ごと》くなるべし。今の世には性心《しょうしん》を労《ろう》し、来生《らいしょう》には阿鼻《あび》に堕《だ》せんこと文明《もんあきら》かに理詳《りつまびら》かなり、疑うべ《可》からず。弥《いよいよ》貴公《きこう》の慈誨《じかい》を仰ぎ益《ますます》愚客《ぐきゃく》の癡心《ちしん》を開けり。速《すみや》かに対治《たいじ》を廻《めぐら》して早く泰平《たいへい》を致《いた》し、先《ま》ず生前《しょうぜん》を安《やす》んじて更《さら》に没後《ぼつご》を扶《たす》けん。唯《ただ》我が信ずるのみに非《あら》ず、又他の誤《あやま》りをも誡《いまし》めんのみ。

三経　略は三部経

以上　真筆の一行あたりの文字数が多いため、解読文はそれを反映していない。なお、かなルビ・送り仮名・漢文の読み下しは原則『御書全集』の「立正安国論」（御書一七頁）の文に合わせた。ただし、仏教語、歴史用語等は学術的に通用している読み方に改めたため『御書全集』の読みと一致しない箇所もある

【本抄の由来】日興が監修したとされる「富士一跡門徒《いっせきもんと》存知《ぞんち》の事」には、本抄について次のように記されている。

「一、立正安国論一巻。此れに両本有り一本は文応元年の御作、是れ最明寺《さいみょうじ》殿（北条時頼）・宝光寺殿（北条時宗）へ奏上の本なり、一本は弘安年中身延山に於て先本に文言を添《そ》えたもう、而《しか》して別の旨趣《ししゅ》無し、只建治《けんじ》の広本《こうほん》と云う」（御書一六〇四頁）

ここでは、弘安年中に身延山で、以前、北条氏に提出した「立正安国論」に文言を追加し、内容上の趣旨は特別変わっているわけではないが、ただ前者と区別して建治の広本と称する、とある。

したがって、文応元年の「立正安国論」を「略本」と称することがあり、本書でも「略本」と「広本」という言い方を用いながら解説していく。本文行下の「略」は「略本」のことであり、本抄の「広本」との表記上の相違を示している。

なお「略本」は千葉県の中山《なかやま》法華経寺にあり、文永六年に書かれたものである。三十五紙に及んでいるが、そのうち第二十四紙は真筆ではなく、一五七ページに示したように江戸時代に中山の日通が身延にあった真筆の「立正安国論」（明治八年に焼失）を書写したものである。

【述作年代】従来は建治期末から弘安期初めにかけて、つまり一二七八年ごろとされてきた。本書では、「略本」にはない経典の引用文が建治元年（一二七六年）六月の「撰時抄」と多く重なっていることや、わずかな真言破折への言及があるものの、本格的な密教批判にまで踏み込んでいるとは言いがたいことから、文永十二年＝建治元年、それも「撰時抄」述作より少し前の成立と考えた。

【注】第六紙の「卒卒起」については、従来「卒」を一字削除し、「他方の怨敵を卒起し」と読んできたが、これは衍字《えんじ》（余計な文字）と考えるべきではない。「卒卒起」は本抄だけでなく、建治元年の「撰時抄」の真筆にも見られる（『真蹟集成』一巻 一六九頁）。このことも、本抄と「撰時抄」の述作年代が近いことをうかがわせている。

【解説】〈真1—48〉〈昭定二七九〉

「略本」は三十五紙（「立正安国論奥書」を含めれば三十六紙）、「広本」は二十四紙で、紙数の上では「略本」のほうが多いが、「広本」は文字の大きさが極端に小さいため文字数ははるかに多い。なお、主人と客との問答が十問九答の構成になっているのは同じである。

「広本」で追加した経典の引用を具体的に挙げれば、第五紙～六紙「守護経」（「守護国界経」）、第六紙「最勝王経」（金光明最勝王経）、「大集経」「涅槃経」、第七紙「法華経」、第七紙～八紙「涅槃経」、第十四紙「法華経」、第十八紙「法華経」、第十九紙「大集経」「仁王経」（「仁王般若経」）、第二十二紙「大品経」（大品般若経）、第二十二～二十三紙「大集経」、第二十三紙「六波羅蜜経」、第二十三～二十四紙「法華経」の計七経、十四カ所に及んでいる。そのうち九カ所は建治元年の「撰時抄」で引用される経文と重複しており、「撰時抄」にはないが、文永九年の「開目抄」や同十一年の「法華取要抄」で引用された経文も使われている。

これらを引用、追加したのは、為政者（国王・大王）の非法、悪比丘・一闡提《いっせんだい》等への帰依《きえ》が、国に大きな災いをもたらし、国を滅ぼす謗法《ほうぼう》の因縁となり、王自らも堕地獄の罪を蒙《こうむ》ること、法華経が釈尊最勝の経であること、法華経の行者は我不愛《がふあい》身命《しんみょう》であり、悪口罵詈《あっくめり》・杖木瓦石《じょうもくがしゃく》の法難に遭うことなどを一層強調するためである。この点では「略本」の趣旨に沿いながら、さらに重ねて徹底したものといえよう。

「広本」独自の特徴は、「広本」にあって「略本」にない表現、「略本」の表記を部分的に変えた箇所を見ていくと、自ずから浮き上がってくる。

第七紙の「諸の無智の人、悪口罵詈等し、及び刀杖を加うる者有らん。我等皆当《まさ》に忍ぶべし」の新加などは、日蓮自身の数々の遭難の体験に基づくもので、略本の述作時との違いが鮮明である。また「略本」ではまったく触れられなかった真言宗の弘法《こうぼう》（空海）について、第十二紙では、法華経を戯論《けろん》と言う弘法の説を邪義とし、法華と密教の勝劣論にも踏み込んでいる。

次の「略本」（御書三二頁）と「広本」第二十一紙の表現の違いを比べれば、それがよくわかる（傍線筆者）。

「略本」然《しか》して後法水の浅深を斟酌《しんしゃく》し、仏家の棟梁《とうりょう》を崇重せん

「広本」然して後顕密の浅深を斟酌し、真言・法華の勝劣を分別し、仏家の棟梁を崇重し、一乗の元意を開発せん。

さらに、法然の念仏に対して「施を止めよ」とした「略本」の表記は「此れ又一途也」（第二十紙）とされ、「止施」は一つの対処法という位置づけに変わっている。そして、内道（仏教）における罪は重いとして「速《すみや》かに重科に行え」（同）

と付け加え、厳しい対応を提示する。

もっとも、死罪や遠流が重科で、止施はそれより軽いと考えるのは必ずしも的確ではない。本書には収めていないが「没収の重科」（昭定二四八七頁）と記す真蹟断簡がある。これは「施を止める」からさらに踏み込んで、安堵《あんど》した寄進地の没収を意味している。土地を奪われれば、寺院はその存在基盤を失い、消滅するしかない。いずれにしても「広本」は「略本」の時とは違い、謗法に対する姿勢がかなり強くなっているといえよう。

おそらく、日蓮は身延に入山後、蒙古による他国侵逼《しんぴつ》難が現実となった中で、改めて幕府に対して「立正安国論」の提出を目指していたのであろう。第十紙で「国王」を「国主」に変えているのは、そのことを物語っている。本抄は、国主諫暁《かんぎょう》に備えるためにもう一度推敲《すいこう》を重ねて、草案として書き上げたものである可能性が高いのである。

なお、国の字について、くにがまえに民と書く文字は略本では五十五カ所、本抄では七カ所用いられている。本文のゴシック体にした部分がそれである。

31

尊霊御菩提御書《そんれいごぼだいごしょ》

尊霊《そんれい》の御菩提《ごぼだい》疑い無き者か。「適時而已《ちゃくじにい》」等の釈は此《こ》の意か。大田殿、次郎入道殿の御事は、観心《かんじん》の法門の時申すべし《可》。大田殿御所労《しょろう》の事、之《これ》を歎《なげ》くと雖《いえど》も、ハタ《将》又、軽重《けいちょう》

【述作年代】大田《おおた》乗明《じょうみょう》の病のことが記されているので、建治元年か二年（一二七五―一二七六年）と推定した。

【解説】〈真4―120〉〈昭定一九八〉 原文は漢文体。

尊霊がだれのことを指すのかは不明。「適時而已《ちゃくじにい》」（時に適《かな》うのみ）とは、天台の「法華文句」にあり、摂受と折伏は時によるべきであるとの意。大田乗明と次郎入道（曾谷《そや》二郎入道のことか）には「観心本尊抄」で申し述べたとあり、最後に大田乗明の病気のことを心配している。前後が欠けているので意味がとりにくいが、「大田殿御所労の事」から、病気の原因、治病の方途を詳細に述べた建治元年十一月の「太田入道殿御返事」（昭定一九七・御書一〇〇九頁）と同時期のものである可能性が高い。

32

白米《はくまい》和布《わかめ》御書

白米五升、和布《わかめ》
一連給了《いちれんたびおわんぬ》。
阿育《あいく》大王は昔、得勝《とくしょう》
童子《どうじ》也。沙《すな》の餅《もちい》を以《もっ》て
仏に供養して一閻《いちえん》
浮提《ぶだい》の王と為《な》る。今の施主《せしゅ》は
白米五升を以て
法華経に供養す。豈《あに》成
仏せざらんや。何《いか》に況《いわ》んや飢《う》えたる世《よ》

也云云《うんぬん》。

乃時《ないじ》

日蓮（花押）

御返事

【述作年代】花押から、建治年間初期（一二七五―六年）と推定。

【解説】〈『真蹟集成』になし〉〈昭定二〇四〉　原文は漢文体。横長の紙二枚の貼り合わせ。

乃時とは即時の意。ご供養に対する返事をすぐに書き記したことが伝わってくる。

「阿育王」の故事説話は、供養の精神を述べる際に引用される典型例で、多くの御書で使われている。南条時光と窪尼《くぼのあま》への御書には、詳しく故事が記されており、松野殿、池上弟の兵衛志《ひょうえのさかん》、曾谷《そや》殿、王日女、千日尼、高橋入道に対しては簡潔な表現となっている。このことは、「阿育大王」について一通りのことは知っていた門下と、そうでない門下への記述の仕方に、深い配慮がなされていることが感じられる。本書の表記は比較的簡潔である。

33

覚性《かくしょう》御房《ごぼう》御返事

せひすひ《清酒》ひと《一》
つつ《筒》、ちまき《粽》
二十かしこ《畏》
まりて給《たび》
候了《そうらいおわんぬ》。
よろこび《喜》
入《いる》よし申
させ給《たまえ》。

恐々謹言

五月五日　日蓮　（花押）

覚性御房《かくしょうごぼう》

【述作年代】花押から、建治年間初期（一二七五―六年）、建治元年か二年と推定した。

【解説】〈真5―107〉〈昭定四三六〉

弟子の覚性房に、門下からのご供養に対して御礼の言葉を伝えてほしいという内容である。「玄（覚が正しい）性房御返事」（昭定二二一・御書一二八六頁）には「このよしをかみへ申させ給い候へ」（傍点筆者）とあり、誰かは不明だが、本書も「かみ」に当たる門下との仲立ちを覚性房が行っていることがうかがえる。

五月五日の端午《たんご》の節句に合わせてのご供養で、餅を笹で巻いて蒸した「ちまき」を食べる風習があったことが知られる。

34

筍《たかんな》御書

たけのこ
二十本
まいらせ《進》
あげ《上》候了《そうらいおわんぬ》。
そのよし《由》
かく《覚》しやう《性》
房申させ給《たまい》
候へ。
恐々謹言

五月十日

日蓮（花押）

御返事

【述作年代】花押からは、建治年間初期（一二七五—六年）。前書の「覚性御房御返事」が五月五日、本書は五月十日で、供養に対してたけのこを返礼した内容から、同年のものと考えられる。

【解説】〈真4—230〉〈昭定一二一六〉

「筍」は「たけのこ」とも「たかんな」とも読む。「まいらす」が本動詞の場合は「さし上げます」という意味になるので、頂いたご供養に対して、逆に日蓮がたけのこ二十本をお返しとして送ったと解釈できる。その旨を伝えるように、覚性房に指示している書状ということになる。返礼の相手は、前書の解説で記した「このよしをかみへ申させ給い候へ」（「覚性房御返事」昭定一一八九頁・御書一一八六頁）の「かみ」に当たる人であろう。

また、覚性房に関しては、豌豆《えんどう》の供養に対して「ことによろこぶよし、覚性房申あげさせ給候へ」(「霖雨御書」昭定一五〇四頁・御書一二八五頁)と同じ表現があり、これも本書同様、供養者に対する間接的な礼状の形式となっている。

35

女人某御返事《にょにんぼう》

（断簡三一二他）

（第一紙は「衣食御書」昭定三三三・御書一三〇二頁）

（一紙）尼御前《あまごぜん》御返事　日蓮

この一行　上封

鵞目《がもく》一貫《いっかん》給《たび》候《そうらい》了《おわんぬ》

それじき《食》は、いろ《色》をまし《増》、ちから《力》をつけ、いのち《命》をの《延》ぶ。ころも《衣》はさむ《寒》さをふせ《防》ぎ、あつ《暑》さをさえ《抑》、はぢ《恥》をかく《隠》す。人にものをせ《施》する

人は、人のいろ《色》をま《増》し、
ちから《力》をそえ《添》、いのち《命》をつ《継》
ぐなり。人のためによる《夜》

（二紙）二
火をとも《灯》せば、人のあか《明》るき
のみならず、我身《わがみ》もあか《明》し。
されば人のいろ《色》を
ませば我いろ《色》ま《増》し、人の
力をま《増》せば我ちから《力》ま《勝》さり、
人のいのち《命》をのぶ《延》れば我が
いのち《命》ののぶ《延》なり。
法華経は釈迦仏の御
いろ《色》、世尊《せそん》の御ちから《力》、

二【注】参照（第二紙は昭定　断簡三一二）

如来《にょらい》の御いのち《命》なり。やまい《病》ある人は法華経をくやう《供養》すれば、身のやまい《病》うすれ《薄》ば、いろ《色》まさり《勝》、ちから《力》つき《付》、

（第三紙欠）

（四紙）四

てみればものもさわら《障》ず、ゆめ《夢》うつゝ《現》わか《分》ずしてこそをはすらめ。とひ《訪》ぬべき人のとぶら《訪》はざるも、うらめしくこそをはすらめ。女人の御身《おんみ》として、をやこ《親子》のわかれ《別》にみ《身》をすて《捨》、かた《形》

（第四紙は昭定九九「女人某御返事」）
とのも→ものも

ちをかう《変》る人すくなし。
をとこ《夫》のわかれは、ひび《日々》・よるよる《夜々》・
つきづき《月々》・としどし《年々》かさな《重》れば、
いよいよこい《恋》しさまさ《勝》り、
をさな《幼》き人《ひと》もをはすなれば、
たれ《誰》をたの《頼》みてか人なら
ざらんと、かたがた《方々》さこそ
をはすらるれば、わが《我》み《身》も

（五紙）五
まいり《参》て心をもなぐさ《慰》め
たてまつ《奉》り、又弟子をも
一人つかわして御はか《墓》の

（第五紙は昭定　断簡一〇三）

【述作年代】文字から、建治二年（一二七六年）と推定。

【解説】第一紙〈真4―222〉（「衣食御書」昭定三二三・御書一三〇二頁）、第二紙〈真4―223〉（昭定　断簡三一二）、第三紙欠、第四紙〈真4―224〉（昭定九九「女人某御返事」）、第五紙〈真4―225〉（昭定　断簡一〇三）。

文字の字体・線質・墨色が酷似《こくじ》し、平仮名が多用されるなど共通点が多く、同じ消息として考えるのが妥当である。

対告衆については確定できないので「女人某御返事」としておく。「昭定」では母と幼少の娘の記述から、日妙聖人と乙御前と推定し、『新版　仏教哲学大辞典』では高橋入道後家尼、すなわち持妙尼とも称される窪尼《くぼのあま》と推定している。

このうち日妙母子である可能性は低い。日妙に与えられた真筆現存の二編の消息は、漢字使用率が三七・六パーセントでその教養の高さをうかがわせているが、本書では一二・七パーセント（四二六字中漢字は五四字）しかなく、平仮名が圧倒的に多い。一方、窪尼への消息二編は漢字は一五パーセントであり、ほぼ本書と近い数字を示している。したがって、知りうる門下の中から対告衆を絞り込めば、高橋殿尼すなわち窪尼がもっともふさわしいと考える。

高橋入道は建治元年七月の時点で重い病にかかっており（「高橋入道殿御返事」昭定一〇九一頁・御書一四六二頁）、ほどなく亡くなっている。本書では、夫が亡くなったことに対してなぐさめの言葉が綴《つづ》られているので、高橋殿尼宛とした。なお、最近の研究によると、高橋入道後家尼＝窪尼＝持妙尼＝妙心尼とされている。

第一紙から二紙にかけての「人のためによる火をともせば、人のあかるきのみならず、我身もあかし。されば人のいろをませば我いろまし、人の力をませば我ちからまさり、人のいのちをのぶれば我がいのちののぶなり」との文は、「食物三徳御書」の「人に物をほどこせば我が身のたすけとなる、譬へば人のために火をともせば・我がまへ□あきらかなるがごとし」（昭定一六〇七頁・御書一五九八頁）の一節とともに深く味わいたい一節である。

【注】二にしたが、真筆では明らかに一に見える。しかし、丁付《ちょうづけ》（ページ番号）の一なら左上隅に書くのが原則で、二以下は右上隅に書くはずである。おそらく二が紙の上部切断により、一にしか見えなくなったのであろう。

36

中興政所女房御返事《なかおきまんどころにょうぼう》

御ぜん《前》は偕老同穴《かいろうどうけつ》のちぎり《契》
あり。松《まつ》さか《栄》へば藤さか《栄》へ、しは《芝花》
なさか《咲》ば、らむ《蘭》このみ《果》なり《成》なん

（貼り合わせ）

卯月《うづき》十二日

日蓮　（花押）

なか《中》をき《興》の政所《まんどころ》女房御返事

階→偕

【述作年代】花押から、建治年間中期（一二七六―七七年）と推定。

【解説】〈真4―179〉〈昭定二四四〉本文の三行と日付・花押・宛名は貼り合わせているが、文字からは同一の書状である。

佐渡の中興にいた中興入道は、次郎入道と称され、日蓮に帰依《きえ》する。その息子夫婦も親の遺志を継ぎ、日蓮に帰依している。本書はその妻宛と考えられる。「なかをきの政所女房」とあるのは、中興の地に承久《じょうきゅう》の乱で流罪された順徳《じゅんとく》上皇の在所があり、その事務を行う政所に関わりのある女房という意味にとれる。とすれば、夫は順徳上皇の政所に務める被官《ひかん》ということになる。

偕老同穴《かいろうどうけつ》――生きては共に老い、死しては共に同じ墓に入るという意味の四字熟語が使われているのは興味深い。中興入道夫妻の末永い仲睦《なかむつ》まじさを願ってやまない日蓮の慈愛が感じられる書である。

37

鼠《ねずみ》入鹿《いるか》の事

(一紙)鵞目《がもく》一結《ひとゆい》、三年の古《こ》酒《しゅ》一筒《ひとつつ》、給了《たびおわんぬ》。

御文《ごもん》云《にいわく》、安房国にねずみ《鼠》いるか《海豚》とかや申《もうし》候《そうろう》大魚《だいぎょ》或は十七八尋、或は二十尋云云乃至《ないし》、彼《かの》大魚を鎌倉に、乃至、家々にあぶらにしぼり候。香《かおり》た《耐》え候べきやう候はず、くさく等云云《うんぬん》。

扶桑記《ふそうき》に云《いわ》く、「出羽国《でわのくに》にて四月八日、河《か》水泥水《すいどろみず》に死魚《しぎょ》浮び、山擁《うず》め塞《ふさ》ぎ

尋《ひろ》　長さの単位　一尋は一・八メートル

云云→等云云

以下　漢文

流れず。両の大蛇有り、長さ各《おのおの》十許《じゅうばかり》の丈《たけ》、
(二紙) 相連《あいつら》なり流出《りゅうしゅつ》して海口《かいこう》に入る。小蛇の随《したが》う
者其数《そのかず》を知らず。河に依《よ》る苗稼《みょうか》流《りゅう》
損《ぞん》多し。或は濁水《だくすい》に染《そま》つて草木臭朽《しゅうきゅう》
して生ぜず。○但《ただ》、弘仁《こうにん》年中○乃至《ないし》、
兵役之《へいえきこれ》を火《や》く。又冢墓《ちょうぼ》、骸骨《がいこつ》
其《そ》の山水を汚《よご》す」等云云《うんぬん》。此外《このほか》、内典に伝うるに
嗅《しゅう》「気《き》に依つて悪鬼《あっき》国に入り聚《あつま》る
(袖書き　追申)
已前《いぜんの》御文、御返事
申候しか。

海江→海口
没→染
○は中略の意
塚→家

【述作年代】字体から、建治年間（一二七五―七八年）のものと推定した。

【解説】〈真4―231〉〈昭定二五一〉 前半は仮名交じり文、後半は漢文。

富木常忍《ときじょうにん》の「常修院本尊聖教の事」に記載されているので、宛先は富木常忍であると思われる。

「ねずみいるか」は動物学の分類ではクジラ目ネズミイルカ科に属する、小型のクジラかあるいはイルカのことか。料理すると悪臭を発したようで「くさく」と述べている。本書で引用される『扶桑略記』（平安後期成立の歴史書。比叡山の僧・皇円《こうえん》の作とされ、仏教記事が多い）のくだりは、貞観《じょうがん》十三年（八七一年）四月八日に出羽の国の鳥海山《ちょうかいさん》が噴火したときの様子を伝えたものである。

38 業消滅《ごうしょうめつ》の事（断簡一一五）

あらざるか。将又《はたまた》過去の貧《ひん》道偸盗《どうちゅうとう》の業《ごう》を消滅《しょうめつ》するかのゆへに、しばらく貧《ひん》なるべしと心えよ。あえて経文のとが《科》にはあらざるか。伝教大師云《いわく》讃者《さんずるもの》

【述作年代】文字からは、建治年間（一二七五―八年）と推定。

【解説】〈真5―86〉〈昭定　断簡一一五〉

因果応報のことを述べ、今貧しいのは過去の罪障の消滅のためであり、やがてそ

の宿業も転換していくと教示している。

最後の部分の伝教大師の言葉は、おそらく『依憑集《えびょうしゅう》』（伝教の著作）の「讃《さん》ずる者は福を安明《あんみょう》に積み謗《ぼう》ずる者は罪を無間《むけん》に開く」であろう。法華経の行者を讃歎する者は福を積み、誹謗する者は無間地獄のような罪を受けるという意で、この一節は「撰時抄」「報恩抄」など多くの御書で引用されている。

39

一大悪《いちだいあく》の事（断簡一七八）

二

人肉《じんにく》を食《くら》わざれば投身《とうしん》は無用也《むようなり》。今其《そ》の中を取りて之《これ》を勘《かんが》う。法華経の実相《じっそう》は一同に之を存《そん》すと雖《いえど》も、其の行儀《ぎょうぎ》は時に随《したが》って不定《ふじょう》なるべし《可》。故《ゆえ》に流《る》通《つう》の諸品《しょほん》は品々《しなじな》也。仏・菩薩の意楽《いぎょう》時に随《したが》う故か。設《たと》ひ悪に非《あら》ずと雖も、小善《しょうぜん》を以《もっ》て大善《だいぜん》を防《ふせ》ぐは五逆罪《ごぎゃくざい》に過《す》ぐる也。今の智者《ちしゃ》、万善《まんぜん》を勧《すす》めしむ《令》るよりは、

勘文→勘之

一大悪《いちだいあく》を治《じ》するにはし《如》かず。例せば外道《げどう》の九十五種の如《ごと》し。

三

其の所詮《しょせん》を取るに常楽我浄《じょうらくがじょう》の四字也。名は仏法の根本を得たるも、其の義は即《すなわ》ち邪《じゃ》也。仏、世《よ》に出《いで》て先《ま》ず此《こ》の悪を治《じ》す。正法《しょうほう》を説かんが為《ため》に苦・無常《むじょう》等の四法を構《かま》へて彼の邪見《じゃけん》を治《じ》す。今の世間《せけん》は弥陀《みだ》の名号《みょうごう》の権法《ごんぽう》を以て、円機《えんき》を抑《おさ》へて円経《えんきょう》に進《すむ》まざらし《令》む。名号《みょうごう》の権悪《ごんあく》を治《じ》せんが為に、妙法蓮華経の実術《じつじゅつ》を用《もち》ふ。在《ざい》世《せ》・滅後《めつご》異《こと》なると雖も正法を弘《ひろ》むるの心は是れ一也《ひとつなり》。時に当《あ》たりて秘術《ひじゅつ》を得《う》るか。

称→構

【述作年代】文字から、建治年間（一二七五—八年）と推定。

【解説】〈真5—80〉〈昭定　断簡一七八〉原文は漢文体。第一紙と第四紙以下は現存しない。

「万善を勧めしむるよりは、一大悪を治するにはしかず」との一節は、「立正安国論」の「万祈《ばんき》を修せんよりは此の一凶《いっきょう》を禁ぜんには」（昭定二一七頁・御書二四頁）にも通じている。破邪と顕正の両輪をもって妙法の流布を勧めていくに際し、まずは破折を表に立てて、正法帰依《きえ》の道を妨げる邪を破ることが肝要であると述べている。

40

竜樹《りゅうじゅ》の事（断簡一）

法華経は一代総括《そうかつ》の義をこそのべ《述》ざれども、十無上《じゅうむじょう》を立《たて》たり。一代超過《ちょうか》の心は、宛《あたか》も竜樹菩薩《りゅうじゅぼさつ》のごとし。而《しかる》を南北并《ならび》に三論《さんろん》・法相《ほっそう》等の宗々《しゅうしゅう》の人師料簡等云《にんしのりょうけんとうにいわく》、「竜樹・天親《てんじん》の論には法華経の実義《じつぎ》を尽《つく》せり」。天台云《いわく》、「心に存給《ぞんじたまう》とも論にはいまだ尽《つくさ》ず」。真言師弘法《しんごんしこうぼう》等云《とうにいわく》、「竜樹菩薩は顕密《けんみつ》の元祖《がんそ》、顕論《けんろん》は仏意《ぶつい》を尽《つくさ》ず。密論《みつろん》に尽《つくす》」等云云《うんぬん》。今、

日本《にほんの》学者《がくしゃ》等《とう》此《この》義《ぎ》に迷惑《めいわく》せり。粗《ほぼ》漢土日本の人師の釈を見るに、天台独《ひとり》此事をえ《得》たまえり。天台は竜樹天

【述作年代】文字から、建治年間（一二七五—八年）と推定。

【解説】〈真5—98〉〈昭定　断簡一〉次の「本迹勝劣の事」（断簡二三一）と字体、線質などが酷似《こくじ》。同一書か。

日本の仏教者の大半は、弘法等の真言師の説に従い、仏意が顕教より密教に尽くされていると思い込んでいるが、それは誤りであり、独り天台だけが法華最勝の実義をつかんでいたという内容である。

41

本迹勝劣《ほんじゃくしょうれつ》の事

（断簡二三一）

□千未弘《みぐ》の大法《たいほう》と申《もうす》は本門の大法なり云云《うんぬん》。疑云《うたがっていわく》、此事爾《このことしかる》べしとをぼ《覚》へず、天台大師は此《この》法華経を二経□□□《とせり》。所謂迹門《いわゆるしゃくもん》十四品一経《いっきょう》、本門《ほんもん》十四品一経なり。迹門の大法は一切経に対しての大法なり。本門の大法と申《もうす》は、迹門の円仏《えんぶつ》の大法に対して彼を少法と下《くだし》ての大法なり。所謂天台云《いわゆるてんだいのいわく》、或《あるいは》迹門小法といゐ、或《あるいは》小仏とゆゐ、

少法は小法か

或妙楽云《あるいはみょうらくのいわく》、或迹門円人畜生《あるいはしゃくもんのえんにんをちくしょう》とゆう。
此等《これら》に勝《すぐれ》ていかなる法門ありて、本門の
極理《ごくり》尚《な》を残《のこる》というや。答云《こたえていわく》、月支《がっし》・漢《かん》
土《ど》・日本国の二千二百卅余《さんじゅうよ》年が間の
寺塔《じとう》を見るに、いまだ寿量品の
仏を造立《ぞうりゅう》せる伽藍《がらん》なし、清舎《しょうじゃ》なし。

勝↓残

清舎は精舎か

【述作年代】文字から、建治年間（一二七五―八年）と推定した。

【解説】〈真5―99〉〈昭定　断簡二三一〉　前書「竜樹の事」（断簡一）と字体、墨色ともに酷似《こくじ》しており、同一の書である可能性が高い。

文中の「二千二百卅余年」という表記は建治元年（一二七五年）の「撰時抄」で使われている。内容的には本迹勝劣を明確に述べている点で重要である。

末文の「寿量品の仏を造立する伽藍なし」については、西山入道へ宛てた「宝軽法重事」の「一閻浮提《えんぶだい》の内に法華経の寿量品の釈迦仏の形像を・かきつくれる堂塔いまだ候はず、いかでか・あらわれさせ給わざるべき」（昭定一一八〇頁・御書一四七五頁）とほぼ同じ表現である。

これは阿弥陀や大日の造仏、念仏や真言の口唱をするよりは、釈尊造立、法華経読誦のほうがましであること、さらに言えば、久遠実成の仏像造立、法華経本門の読誦に進むものはなおよいという考えに立っての表現なのである。だから、まずは前者を捨てて後者に立つよう誘因することを重視した結果、日蓮にとっての本意である曼荼羅《まんだら》正意・題目専修まで踏み込まない言説が多く標榜《ひょうぼう》されることにつながっていく。

いうまでもなく、日蓮にとっての本尊とは、自らが図顕した曼荼羅本尊をおいて他にはない。図顕本尊の中央にある南無妙法蓮華経は、法華経の心・体であり肝要である。と同時に、釈尊の悟りの内容であり、「釈尊の因行果徳の二法は妙法蓮華経の五字に具足す」（「観心本尊抄」昭定七一一頁・御書二四六頁）とあるように題目にすべてが包含されているのだから、本門の仏そのものを表しているといってもよい。

したがって、本尊の議論でよく対比される「報恩抄」の「本門の教主釈尊を本尊とすべし」（昭定一二四八頁・御書三二八頁）と「本尊問答抄」の「法華経の題目を以《もっ》て本尊とすべし」（昭定一五七三頁・御書一三六五頁）とは、表現は違っているが、同じことを言っていると捉えて会通《えつう》すべきだと思う。すなわち、二つの表現を統合・包含しているのが図顕本尊に他ならないのである。

三行目の「□□□《とせり》」は興風談所「御書システム」のコラム（二〇一四年二月）により、昭定の□□□を「とせり」とした。

42

三《さん》車《しゃ》四《し》車《しゃ》の事

（断簡二四三）

三車　四車

ひつじのくるま

羊《やう》車《しゃ》　しやうもん《声聞》にたとう《譬》

しかのくるま　　あごんきやう《阿含経》

鹿《ろく》車《しゃ》　えんがく《縁覚》にたとう《譬》

うしのくるま

牛《ご》車《しゃ》　ぼさつ《菩薩》にたとう《譬》

華厳《くゑごん》・方等《はうとう》・般若《はんにゃ》

ををき《大》にしろき《白》うし《牛》のくるま《車》

大白牛車《だいびやくごしや》　　　法華経

はじめ《始》にわ、みつのくるま《三車》をもち《持》て、もろもろのこ《諸々子》を

初以《しよい》・三車《さんしや》・誘引《ゆいん》・諸子《しよし》・

然後《ねんこ》・但与《たんよ》・大車《たいしや》・

もつて↓もちて

【述作年代】文字からは、建治期（一二七五—七八年）と推定。

【解説】〈真5—91〉〈昭定　断簡二四三〉

漢字ルビは真筆にはない。その他の平仮名ルビと中黒《なかぐろ》（・）は真筆にあり、そのまま表記した。なお、意味が取れるよう、真筆ルビの「牛車《こしや》」を「牛車《ごしや》」としたように適宜《てきぎ》濁点を付けたが、真筆には濁点は一切ない。濁点は室町時代も同様になく、江戸時代中頃から記されるようになる。

内容は、法華経譬喩品《ひゆほん》第三の三車火宅のたとえについて整理したもので、羊車《ようしや》を声聞乗《しょうもんじょう》、鹿車《ろくしや》を縁覚乗《えんがくじょう》、牛車《ごしや》を菩薩乗《ぼさつじょう》に配している。大白牛車《だいびやくごしや》については仏乗《ぶつじょう》に配当するのが通例であるが、本書では法華経としている。

中国では、牛車と大白牛車を同じと考える三車家（三論宗の吉蔵《きちぞう》など）と、別のものと捉える四車家（天台など）とがあった。日本では、この三車火宅の譬喩釈をめぐって、三乗真実一乗方便に立つ法相宗《ほっそう》の徳一《とくいち》と、三乗方便一乗真実に立つ伝教とで、激しく論争したことは有名である。本書の内容からは、日蓮は四車家であり、三乗（阿含・華厳・方等・般若）方便一乗（法華経）真実に立っていることは明らかである。

なお、最後の二行は「初めに三車を以《もっ》て諸子を誘引し、然《しか》る後に但《ただ》大車のみを与う」と読む。

43

栄西《えいさい》の事（断簡三五四）

日本　　　シタク第一修勝房《しゅうしょうぼう》
源空《げんくう》　　　慈悲《じひ》第一阿勝房《あしょうぼう》
法《ほう》然《ねん》　　　持戒第一要上房《じかいだいいちようじょうぼう》
世間《せけん》ニハ　智者《ちしゃ》第一法然

【述作年代】文字から、建治期（一二七五—七八年）と推定した。

【解説】〈真5—231〉〈昭定　断簡三五四〉

この内容によく似ているものとして、南北朝時代の成立とされる『源平盛衰《げんぺいじょうすい》記《き》』の一節に「世の人のことわざに、知慧第一法然坊、持律《じりつ》第一葉上房《ようじょうぼう》、支度《したく》第一春乗房、慈悲第一阿証坊といはれけり」（江戸期慶長古活字本の文章）とあるので、このような言い回しは日蓮の在世中、人口に膾炙《かいしゃ》していたのであろう。

この中で注目すべきは、日本臨済《りんざい》宗の祖とされる栄西のことが出ていることである。栄西の房号は「葉上房」でここでは「要上房」と書かれているが、持戒第一とあるように戒律にも精通し、また密教への造詣《ぞうけい》が深かったことが指摘されている。

鎌倉新仏教の祖師の中で、浄土宗の法然はいうまでもなく御書には多出するが、栄西はこの一カ所のみ。曹洞《そうとう》宗の道元《どうげん》・浄土真宗の親鸞《しんらん》・時宗の一遍《いっぺん》については、まったく言及がない。

44 上野殿《うえのどの》御返事

給事《たまうこと》父母の子をを《思》
もうがごとし。まことに
法華経の御志みへ《見》て候。
くはしく《詳》は釈迦仏
申上候了《もうしあげそうらいおわんぬ》。恐々謹言

正月三日

日蓮　（花押摩滅）

上野殿御返事

（建治《けんじ》三年）

建治三年は他筆

【述作年代】建治三年（一二七七年）。他筆の「建治三年」による。
【解説】〈『真蹟集成』になし〉（真筆の写真は「棲神」61号巻頭写真による）〈昭定四四四〉
一九八九年に発見された書である。こうした御書の新発見は今後も続くであろうし、なかには重要な情報を提供してくれるものが出てくることが期待される。
「釈迦仏に申上」というのは「釈尊の御宝前」と同意。これは建治期までの表現であり、弘安期は「法華経の御宝前」（おそらく日蓮自筆の本尊のことであろう）と変わる。

45

顕密《けんみつ》の事（断簡一七二）

七

法華経と三大師《さんだいし》と法門《ほうもん》水火《すいか》也《なり》、天地《てんち》也。日蓮此《これ》を不審し申《もうし》け□□《れば》、三大師御弟子等答云《とうこたえていわく》、「法華経は顕経《けんきょう》の中の最《さい》第一《だいいち》、顕密相対《けんみつそうたい》せば、或《あるい》は第二、或第三」と云云《うんぬん》。或云《あるいはいわく》、「大日経は三密相《さんみつそう》応《おう》一切第一、法華経は意密《いみつ》計《ばかり》有《あり》て身《しん》・口《く》なし」。或云、「教主《きょうしゅ》の勝劣《しょうれつ》」と云云。随《したがっ》て又日本国の天台・華厳《けごん》等の七宗《しちしゅう》の学

せは→せば

者等も此義《このぎ》を証伏《しょうぶく》し了《おわんぬ》。此の故、
四百余年が間は日本一同に此の義にて
候《そうろう》也。漢土《かんど》の義大体《ぎだいたい》かくのごとし

か間→が間

【述作年代】文字と内容から、建治三年あるいは四年（一二七七―八年）と推定。

【解説】〈真5―109〉〈昭定　断簡一七二〉第七紙のみ現存。

冒頭に「三大師」とある。これは弘法《こうぼう》大師空海《くうかい》と慈覚《じかく》大師円仁《えんにん》と智証《ちしょう》大師円珍《えんちん》のことを指している。この三人によって密教の勝《しょう》、法華の劣《れつ》が広く浸透し、平安時代以来四百余年にわたって仏教界は密教最勝説に与《くみ》しているという内容である。

これとほぼ同一の内容が書かれているのは、建治三年の「富木殿御書」である（『御書全集』では建治元年になっているが、最近の研究により智証に対する批判が明確であるので建治三年とする）。要を取って引用すれば「弘法・慈覚・智証の三大師……此《こ》の三大師の意は法華経は已《い》・今《こん》・当《とう》の諸経の中の第一なり然《しか》りと雖《いえど》も大日経に相対すれば戯論《けろん》の法なり等云云、此の義心有らん人信を取る可《べ》きや不《いな》や。今日本国の諸人……八宗・十宗等の大師先徳……既に四百余年を経歴するに此等の人人一人として此の義を疑わず」（昭定一三七三頁・御書九七〇頁）とある。

あえて違いを言えば、「富木殿御書」では已今当《いこんとう》の三説をめぐる三大師への批判であり、本書は顕密と身口意の三密と教主論の主張を批判している。しかし、議論の流れは酷似《こくじ》している。

奇《く》しくも「富木殿御返事」の末文には、「此等の意を以《もっ》て之《これ》を案ずるに我が門家《もんけ》は夜は眠りを断ち昼は暇《いとま》を止《とど》めて之を案ぜよ一生空しく過して万歳悔ゆること勿《なか》れ」（同頁）といういわゆる「止暇断眠《しかだんみん》」の一節がある。「之を案ぜよ」というのは真言に対する理論的破折のことであり、このことを門下に指示しているのだが、率《そっ》先垂範《せんすいはん》して「止暇断眠」の実践をしていたのは日蓮に他ならなかったのである。

建治年間というのは、「撰時抄」や「報恩抄」をはじめとする真言破折書が多数書かれているように、日蓮にとって昼夜兼行で真言密教への破折に没頭していた時期なのである。

46

兵衛志殿《ひょうえのさかんどの》御返事

（一紙）御ふみにかか《書》れて候《そうろう》上、
大に《弐》のあざり《阿闍梨》のかたり《語》
候は、ぜに十余れん《連》并《ならび》に
やう《様》やう《々》の物ども候しかども、
たうじ《当時》はのうどき《農時》にて、
□□人もひきたらぬよし
□□も及《をよひ》候はざりけ
□□兵衛志殿《ひょうゑのさくわんとの》の御との
□□□御夫《おんふ》・馬《ま》にても

並に→并に

□□□□てよし《由》申《もうし》候。

（二紙）二

夫《それ》百済国《はくさいこく》より日本国《こく》に仏法《ふつはう》のわたり候しは、大船《たいせん》にのせ《乗》て此《これ》をわたす《渡》。今《いま》のよど《淀》河《かわ》よりあをみ《近江》の水《みつ》海につけ《着》て候ものは、車《くるま》にて洛《らく》陽《やう》へははこび《運》候。それがごとく、たとい、かまくら《鎌倉》にいかなる物《もの》を人たび《給》て候とも、夫《ふ》と馬《むま》となくば、いかでか□□《日蓮》が命《いのち》はたすかり候べき。昔□《徳》□《勝》童子《とうし》は、土餅《つちのもちヰ》を仏《ほとけ》に

近江　あるいは淡水《あをみ》か

□□□□阿育《あいく》大王《たいわう》と
□□□□□□□□□□□
（三紙）三
くやうしまいらせ候しゆへに、阿育《あいく》
大王《たいわう》の第一の大臣《たいしん》羅提吉《らたいきと》と
なりて一閻浮提《いちえんふたい》の御うし《後》
ろめ《見》、所謂《いはゆる》をい《大》殿の御時の
権大夫殿《こんのたいふとの》のごとし。
此《これ》は彼等《かれら》にはにる《似》べくもなき
大功徳《たいくとく》。此歩馬《このふま》はこんでいこ《金泥駒》
まとなり、此《この》御との人はしや《車》
のく《匿》とねり《舎人》となりて、
仏《ほとけ》になり給べしとをぼ

をほ→をぼ

しめすべし。
抑《そもそも》すぎ《過》し事なれども、あまりにたうとく《尊》、うれしき事なれば申《もうす》。
昔《むかし》、波羅捺国《はらないこく》に摩訶羅王《まかつらわう》と

(四紙)四

申《もうす》大王《わう》をはしき。彼の大王に二《ふたり》の太子《たいし》あり。所謂《いはゆる》善友太《せんうたい》子《し》・悪友太子《あくうたいし》なり。善友太《せんうたい》子《し》の如意宝珠《によいはうしゆ》を持《もち》てをはせしかば、此をとら《取》むがために、ををの悪友太子は兄《あに》の善友《せんう》太子の眼《□□》をぬき《抜》給き。昔《むかし》の

ををは
をと《弟》
か

大王は今の浄飯王《しやうほんわう》、善友《せんう》太子は今の釈迦《しやか》仏、悪友太子は今の提婆達多《だいばだった》此也《これなり》。兄弟なれども、たから《宝》をあらそい《争》て、世《せ》々《せ》生々《しょうじょう》にかたき《敵》となりて、一人は仏なり、一人は無間地獄《むけんじごく》にあり。此は過去《くわこ》の事、

（五紙）五

他国の事なり。我朝《わがちょう》には一院《いちのいん》、さぬき《讃岐》の院は兄弟なりしかども、位《くらい》をあらそい《争》て、にいにかたき《敵》となり給《たまい》て、今に地獄にやをはすらむ。

にいには　ついに　か

当世《とうせ》、め《眼》にあた《当》りて、此代《このよ》のあや《危》をきも兄弟のあらそ《争》いよりをこ《起》る。大将殿と申せし賢人も、九郎判官《くろうほうがん》等の舎弟《しゃてい》等をほろぼし給《たまい》て、かへりて我子《わが》ども皆、所従《しょじゅう》等に失給《うしなわれたまう》。眼前《がんぜん》の事ぞかし。とのばら二人は、上下《じょうげ》こそありとも、との《殿》だにも

（六紙）六

よく《欲》ふか《深》く、心まが《曲》り、道り《理》をだにもし《知》らせ給《たま》はずば、ゑもん《右衛門》の大夫志殿《たいふのさかんどの》は、いかなる事あり

とも、をや《親》のかんだう《勘当》ゆるべ《許》からず。ゑもん《右衛門》のたいう《大夫》は法華経を信《しんじ》て仏になるとも、をや《親》は法華経の行者なる子をかん《勘》だう《当》して地獄《じごく》に堕《おつ》べし。との《殿》はあに《兄》とをや《親》とをそんず《損》る人になりて、提婆達多《だいばだった》がやうにをはすべかりしが、末代《まつだい》なれども、かしこき上、欲《よく》なき身と生《うまれ》て、三人ともに仏になり給《たまい》、ちちかた《父方》、ははかた《母方》のるい《類》をもすくい《救》給《たまう》人となり候《そうらい》ぬ。

（七紙）七

又との《殿》の御子息《ごしそく》等も、すへ《末》の代《よ》は
さか《栄》うべしとをぼしめせ。
此事は、一代聖教《いちだいしょうぎょう》をも引《ひき》て
百千まい《枚》にかく《書》とも、つく《尽》
べしとはをもわ《思》ねども、や《痩》
せやまい《病》と申《もうし》、身もくる《苦》
しく候《そうら》へば事々申《もうさ》ず。
あわれ、あわれ、いつかげさん《見参》に
入《いり》て申候《もうしそうら》はん。又、むかいま
いらせ候《そうらい》ぬれば、あまりのう
れしさに、かた《語》られ候はず
候へば、あらあら申《もうす》。よろづ《万》は

心にすいし《推量》はからせ給《たまえ》。女房の御事、同《おな》じくよろこぶと申《もう》させ給へ。恐々謹言

【述作年代】弘安元年（一二七八年）と推定。池上家の父と二人の息子との信心をめぐる対立が解決したことを伝えている。

【解説】〈真4―283〉〈昭定二九一〉第一紙から四紙には、他筆によるかなルビが振られており、ゴシック体でそのまま表記した。明朝体のルビは筆者が付けたものである。第五紙から七紙には他筆ルビはまったくない。

池上家の中で信心反対の父と、信仰を貫く兄との間で、どちらにつくか迷っていた弟・兵衛《ひょうえ》の志《さかん》に対して、日蓮は何度も書状を送り、叱咤《しった》・激励を重ねていた。その間、父の右衛門《えもん》の太夫《たいふ》は、兄の右衛門の太夫《たいふ》の志《さかん》を二度にわたって勘当《かんどう》している。父にしたがって信心をやめて家督相続するか、兄と同心で信仰の道を貫くか、池上家の命運はすべて弟の決断にかかっていた。

本書は、弟・兵衛の志が兄の側につくことにより、ついに父も折れ、父親自身も

入信するにいたったことが述べられている点で、重要な消息なのである。「三人ともに仏になり給」（第六紙）とあり、日蓮の心境も「あまりのうれしさに」（第七紙）と綴《つづ》られている。

日蓮は、特に弟・兵衛《ひょうえ》の志《さかん》に対してくり返し、兄弟の結束をうながしている。本書でも、波羅奈国《はらないこく》（古代インドの王国）の善友《ぜんう》太子・悪友《あくう》太子の故事や源頼朝が弟・義経を滅ぼしたことで源氏がやがて絶えた例を引きながら、信仰を核に結束する兄弟であれば、池上家は繁栄していくと述べられている。

文中、「やせやまい」（第七紙）とあり、体調が思わしくない様子が見られる。これは「上野殿母尼御前御返事」に「八年が間やせやまい」（昭定一八九六頁・御書一五八三頁）とあり、身延に入ってから劣悪な環境と十分ではない食料事情がたたって一種の慢性の下痢に陥っていたようである。しかし、身の病を抱えながらも、心は少しも病むことなく、門下の信心の道を進みゆく姿に心躍り、むしろそれを元気の源にして日々を送っていたのである。

47

出雲尼御前《いずものあまごぜん》御書

五

をば逆縁《ぎゃくえん》とをぼ《思》しめすべし。
道間《みちのあいだ》いかんが候《そうらい》けん。
をぼつかなし、をぼつかなし。
いそ《急》ぎ御返事うけ
給べし。心の内をは《晴》れ
候ばや。恐々謹言

十二月一日

日蓮　（花押）

おぼし→をぼし

安州出雲尼御前《あんしゅういずものあまごぜん》

【述作年代】花押から、弘安元年（一二七八年）。

【解説】〈真5―142〉〈昭定四四〇〉

出雲の尼というのはここだけである。安州とあるから、安房《あわ》に住む女性信徒である。内容は、はるばる身延まで日蓮を訪ねて、その帰りの長い道程はどうだったのか――「をぼつかなし」と心配している。この返事を急ぎ受け取り、読んでほしい。そして、心が晴れてくれることを願っているというものである。一人の門下を思う日蓮の心が感じられる。本書が今に伝わっていることは、出雲の尼が信仰を貫き通した証《あかし》であろう。

48 南条殿《なんじょうどの》御返事

いも《芋》・はじかみ《薑》悦《よろこび》て給候了《たびそうらいおわんぬ》。いま《今》をはじ《始》めぬ事に候へば、とかく申《もうす》にをよばず候。をり《折》ふし《節》そう《怱》そう《々》なる事候し間、委細《いさい》の御返事に不及《およばざる》之由《のよし》候ところに候。　恐々謹言

卯月《うづき》十四日　日蓮

以上　門下代筆

南条殿御返事（花押）

【述作年代】花押から、弘安元年（一二七八年）と推定。

【解説】〈『真蹟集成』になし〉〈昭定四三九〉門下代筆。日付・署名・花押・宛名は真筆。「をりふしそうそうなる事候し間」とあるように、あわただしい諸般の事情からか、本文を弟子が代筆する形で現在に伝わる消息である。宛名は南条時光。

49 不孝《ふこう》御書（陰徳陽報《いんとくようほう》御書）

（第十紙は「不孝御書」昭定三一三）

十

なによりも人には不孝がをそろ《恐》しき事に候ぞ。とののあに《兄》をとと《弟》はわれ《我》と法華経のかたき《敵》になりて、との《殿》をはなれ《離》ぬれば、かれ《彼》こそ不孝のもの、との《殿》のみ《身》にはとが《失》なし。をうな《女》るい《類》どもこそ、との《殿》のはぐくみ《育》給《たま》はずは、一定《いちじょう》不孝にならせ給はんずらんとをぼ

へ候《そうろう》。所領《しょりょう》もひろ《広》くなりて候《そうら》
わば、我りやう《領》えも下《くだし》なんど
して、一身すぐるほどはぐくま
せ給《たま》へ。さだにも候わば、過去の
父母定《さだん》でまほ《護》り給《たまう》べし。
日蓮がきせい《祈請》も

（以下　第十一紙・十二紙は「陰徳陽報御書」昭定一三三一・御書一一七八頁）

十一

いよいよかな《叶》い候べし。いかにわるく《悪》　〈わなく《噪》〉
とも、きか《聞》ぬやうにてをはすべし。
この事をみ《見》候に申やうにだに　〈だに・ふれ〉
もふれ《触》まわせ《廻》給ならば、なをなを
も所領《しょりょう》もかさ《重》なり、人をぼへ《覚》も

いでき《出来》たり候べしとをぼ《覚》へ候。さきざき《先々》中候しやうに陰徳《いんとく》あれば陽報《ようほう》ありと申て、皆人は主にうたへ《訴》、主もいかんぞを《思》ぼせしかども、わどの《我殿》の正直の心に主の後生《ごしょう》をたすけたてまつ《奉》らむとをもう《思》心がうじやう《強情》にしてすねん《数年》をすぐ《過》れば、かかるりしやう《利生》にも

〈すれん《修練》をす《修》すれば〉

十二

あづ《与》からせ給ぞかし。此《これ》は物のはしなり。大果報《だいかほう》は又来《きたる》べしとをぼしめせ《思召》。又此法門《このほうもん》の一門いかなる本《ほ》

〈おぼし〉

一行↓一門

意《い》なき事ありともみ《見》ずき《聞》
かず、い《言》わずしてむ《睦》つばせ給へ。
大人にい《祈》のりなしまいらせ　〈大人には・いのり〉
候べし。上《かみ》に申事《もうすこと》は、私の事には　〈事私の事〉
あらず。外典《げてん》三千、内典《ないてん》五千の
肝心《かんじん》の心をぬ《抜》きてか《書》きて候。
あなかしこあなかしこ。恐々謹言
卯月《うづき》廿三日
日蓮　（花押）
御返事

【述作年代】花押から、弘安年間初期（一二七八―七九年）のものと推定した。
【解説】第十紙は〈真4―307〉〈昭定三一三〉、第十一紙と十二紙は「陰徳陽報御書」

（昭定三三一・御書一一七八頁）である。

丁付《ちょうづけ》の「十」と「十二」の文章のつながりから、同一の消息であることが確実である。とすれば、宛先は四条金吾となる。四条金吾の兄と弟は日蓮に帰依《きえ》していたが、のち退転し、四条金吾とも対立関係になったことが知られる。第十紙では金吾の妹たちの面倒をよく見るよう指示し、それが父母への孝養につながると述べている。次の第十一・十二紙は「陰徳陽報御書」で、信仰を黙々と貫いていけば、やがて主君の信頼も増し、さらに領地も加増されるようになると励ましている。

なお、六カ所の『御書全集』の表記を行下の〈　〉に示し、真筆との違いを対照させている。これに昭定の誤読「一行→一門」を加えた計七カ所は、いずれも「昭定」と『御書全集』が底本（原本）とした『日蓮聖人御遺文』（別称「縮冊遺文」一九〇四年刊行）の表現である。

50

十字《むしもち》御書

（堀内殿《ほりのうちどの》御返事）

十字《むしもち》三十。

法華経の

御宝前《ごほうぜん》に

つみ《積》まいらせ

候《そうらい》ぬ。又すみ《炭》

二へい《俵》給候了《たびそうらいおわんぬ》。

恐々謹言

十二月廿八日

ほり《堀》の内殿　日蓮　（花押）

廿一↓廿八

御返事

【述作年代】「法華経の御宝前」との表記から、弘安年間。花押から、弘安年間初期（一二七八―八〇年）と推定した。

【解説】〈真5―37〉〈昭定三二四〉

「法華経の御宝前」とは、おそらく日蓮が書き顕した本尊のことであろう。

「十字」をむしもちと読むのは、蒸餅《むしもち》の上に十文字の裂け目を入れて食べやすくしたことに由来する。御書には「十字」のご供養が本書の他に五カ所記されているが、いずれも十二月末から正月までの間に限定されているので、「十字」は正月を祝う食べ物として一般にも普及していたのであろう。ほりの内という檀越《だんおつ》は本書のみに記される。ほりの内（堀ノ内）は、領主の惣領を指すが、だれかは特定できない。

なお、宛名の下に署名・花押が書かれているのは、紙の余白が狭かったためである。

51

法華行者大難《ほっけぎょうじゃだいなん》の事（断簡三七一）

失《とが》なきに大難《だいなん》の来《きた》りかさ《重》なるをも《以》んて法華経の行者《ぎょうじゃ》としる《知》べし。しかるに日蓮は

なる→なるを

【述作年代】文字から、弘安初期（一二七八―八〇年）と推定した。

【解説】〈真5―154〉〈昭定　断簡三七一〉

世間的な過失がなくとも、度重なる大難に遭うことは、法華経の行者たる証《あかし》であることを教示している。

以てを「もんて」と書いているが、これは現代では本来の「もちて」が「もって」とつまる促音便《そくおんびん》になるところを、日蓮は「つ」を「ん」にしている。おそらく発音

上は「もんて」であったのだろう。これに類するもので使用例が多いのは、「いへとも（言えども）」を「いへとん」とすることである。本書では「いへども」としているが、これは日蓮に限らず、中世の文書によく見られる表記である。

52

さゑもんどのの御返事（断簡二三八）

恐々謹言

七月十六日

日蓮（花押）

さゑもんどの《左衛門殿》の御返事

【述作年代】花押から、弘安年間初期（一二七八―八〇年）と推定。

【解説】〈真5―125〉〈昭定　断簡二三八〉

「さゑもんどの」が、だれのことなのかは不明。真筆において、平仮名で「さゑもん」と書かれる例に、池上兄弟の父＝「さゑもんの大夫」、四条金吾＝「さゑもんどの」

がある。いずれも文中での表記である。ここでは、宛名を平仮名で書いているため、四条金吾への賜書《ししょ》である可能性は低い。

典型的な消息末尾部分の表記である。すなわち「書き止め表現」の恐々謹言のあとに日付を少し下げて書き、次の行の下部に署名・花押、そして最後の行の上部に宛名を記すというものである。

53

乗明上人御返事《じょうみょうしょうにん》

乗明上人《じょうみょうしょうにん》、一石《いっこく》を山中《さんちゅう》に送る。福過十《ふくかじゅう》号《ごう》の功徳を得《え》ん。恐々謹言

七月廿七日

日蓮　（花押）

御返事

【述作年代】花押から、弘安二年（一二七九年）ごろと推定した。
【解説】〈真4―330〉〈昭定三三七〉原文は漢文体。

乗明上人とは、大田《おおた》乗明《じょうみょう》のことである。建治三年（一二七七年）とされる「乗明聖人御返事」（昭定一四三一・御書一〇一二頁）では、聖人と呼ばれている。聖人号は大田乗明以外は日妙聖人のみ。上人号は、本書の乗明上人の他、光日上人、常忍上人、法蓮上人、妙密上人、阿仏上人などがある。

54

伯耆殿《ほうきどの》并《ならび》に諸人《しょにん》御中《おんちゅう》

七

とかく《書》べし。阿弥陀経《あみだきょう》等の例時《れいじ》を
よま《読》ずと申《もうす》は此又《これまた》心へ《得》られず。
阿弥陀経等は星のごとし、法華経は
月のごとし、日のごとし、勝《すぐれ》たる
経をよみ《読》候を、劣《おと》る経の者がせい《制》
しこそ《止》心え《得》られ候はねとかけ《書》。
恒例《こうれい》のつためと申《もうす》はなに《何》の
恒例ぞ。仏の恒例は法華経なり。

つためは　つとめ《勤》か

仏は「但楽受持《たんぎょうじゅじ》」等とて、真《まこと》の法華経の行者、阿弥陀経等の小経をばよ《読》むべからずとこそと《説》かせ給て候へとつめ、かきにか《書》け

十九

此事はすでに梵天《ぼんてん》・帝釈《たいしゃく》・日月《にちがつ》等に申入て候ぞ。あ《敢》へてたが《違》えさせ給べからず。各々天の御はからいとをぼ《思》すべし。

恐々謹言

（弘安《こうあん》二年）九月廿六日　日蓮　（花押）

伯耆殿《ほうきどの》并《ならびに》諸人御中《しょにんおんちゅう》

弘安二年は他筆

並→并

【述作年代】弘安二年（一二七九年）。他筆で「弘安二年」と書き込まれている。日興の書き入れか。

【解説】第七紙は〈真5―117〉〈昭定 断簡一五八〉、第十九紙は〈真5―123〉〈昭定四三八〉（第七紙と十九紙を同じ消息と考えるのは、興風談所「御書システム」のコラム「二〇〇六年一月」による）

背景に熱原の法難があることがうかがえる。弘安二年九月十五日に熱原の信徒たちが逮捕されて鎌倉に送られており、その直後の書である。第七紙の二カ所の「書け」との表現から、陳状《ちんじょう》（弁明状）提出の準備と、そこに書くべき内容が指示されていることがわかる。

このことと深く関連するのは、本書の翌月の弘安二年十月に幕府に提出された「滝泉寺《りゅうせんじ》申状《もうしじょう》」（昭定三四五・御書八四九頁）である。

「滝泉寺申状」は、訴えられた内容に対して申し開きをした陳状である。滝泉寺の院主代・行智《ぎょうち》が、日秀・日弁を訴えた訴状に対する陳状として書かれたものであるので、正確には「日秀・日弁陳状」というべきものであり、前半は日蓮の直筆、後半は富木《とき》常忍《じょうにん》の筆（日蓮の真筆部分もある）で書かれた草案（下書き）が現存する。提出先は、滝泉寺が得宗《とくそう》領にあったので、得宗家（北条直系）の家務機関であったことが推定される。ここには、熱原の農民たちがでっちあげによって逮捕された経緯が詳細に述べられている。

以上のことから、本書は院主代・行智によって幕府に提出された訴状に対する対応策を事細かに指示したものである可能性が高い。たとえば第七紙にある「阿弥陀経等の例時《れいじ》をよまずと申は」との表記が、「滝泉寺申状」の「次ぎに阿弥陀経を以《もっ》て例時の勤《つとめ》と為《な》す可《べ》きの由《よし》の事」（昭定一六七九頁・御書八五一頁）との行智の訴状の条文に対する答えであることは明らかである。

わずか二紙しか残っていないが、本書からは教団存続の危機的状況のもと、日蓮と陣頭指揮を執る日興をはじめ、門下たちが固く結束し、総力戦で法難に立ち向かう様子がうかがえるのである。

55

越後公御房《えちごこうごぼう》御返事

（一紙） 大餅《おおもちい》五枚、

署預一本太也、

鳭鷷《いものかしら》一俵《ひとたわら》。

去今年《きょこんねん》饉《け》餲《かち》、

章厲《しょうれい》、刀兵《とうびょう》と申し、

宛《あたか》も小《しょう》の三災《さんさい》の代《よ》の如《ごと》し。山中に

送り給《たま》う事、志《こころざし》の至《いた》りか。

（二紙） 恐々謹言

正月八日

署預は薯蕷《やまのいも》か

章厲は瘴癘か

給候事→給事

日蓮　（花押）

越《えち》後《ご》公《こう》御《ご》房《ぼう》御返事

【述作年代】花押から、弘安二年か三年（一二七九―八〇年）と推定。

【解説】〈真5―120〉〈昭定四三七〉原文は漢文体。ただし、「刀兵と」の「と」のみ平仮名になっている。

越後公という弟子に対する御礼の書。越後公は、日蓮滅後の形見分けの記録である「御遺物配分帳」に「一貫文　越後公」とある。また、弘安五年正月の「来臨曇華《らいりんどんげ》御書」にもその名が出てくる（本書73「内記左近入道殿御返事」参照）。

56 西山殿《にしやまどの》御返事　（断簡二〇五）

大餅《もちい》五、
聖人《すみざけ》ひと《一》つつ《筒》、
やまのいも五本、
大根いつつ
（貼り合わせ）
十八

五月十二日

日蓮　（花押）

西山殿御返事

【述作年代】花押から、弘安二年か三年（一二七八年・九年）と推定。
【解説】〈真5―127〉〈昭定　断簡二〇五〉
　貼り合わせによる一紙の断簡。文字の線質や墨色が酷似《こくじ》しており、一書と考えてよい。後半に「十八」の丁付《ちょうづけ》（ページ数）があるので、十八枚に及ぶ長文の手紙であったことがわかる。
　西山殿へは「三三蔵祈雨事」（昭定一八三・御書一四六八頁）や「宝軽法重事」（昭定二一七・御書一四七四頁）などが送られており、その他の消息では、臨終についての質問がいくつかあり、弘安年間の本書もそれに関することが書かれていたのであろうか。いずれにしても、門下の悩み・質問に対して日蓮は長文をもって応えたのである。

57

十月分時料《じゅうがつぶんときりょう》御書

十月分時料《ときりょう》三貫、
大口《おおくち》一、三貫五十云云《うんぬん》。
摩訶摩耶経《まかまやきょう》に云《いわ》く、
「六百年馬鳴《めみょう》出《い》づ、七
百年竜樹《りゅうじゅ》出づ」。付法《ふほう》
蔵経《ぞうきょう》に云く、「第十一馬鳴、
第十三竜樹」等云云。
一

【述作年代】系年を推定できる材料はない。仮に弘安期としておく。

【解説】〈真5―25〉〈昭定三〇九〉　原文は漢文体。

初めの第一紙のみ存。紙の左上に書かれた「一」は丁付《ちょうづけ》といい、ページ数を意味する。一枚目は左上に書くが、「二」「三」以降は右上に書くのが通例である。

時料は、僧の斎会《さいえ》への供養料である斎料《ときりょう》のこととも考えられるが、ここは十月分とあるので、毎月のご供養料の意と考えるのが妥当である。「来年三月の料の分」（昭定一七一〇頁・御書九八七頁）、「八月分の八木一石」（昭定一七五四頁・御書一〇〇五頁）なども時料のことであろう。

「三月」は富木常忍《ときじょうにん》、「八月」は大田《おおた》入道妻への書であるので、曾谷教信《そやきょうしん》も含めて、下総《しもうさ》では毎月の時料を順番で決めて、身延の日蓮と弟子たちの衣食を支えていたのである。したがって、本書の宛先は富木常忍・大田乗明《じょうみょう》・曾谷教信あたりであろうか。

二行目の「大口」は裾《すそ》を広く大きく開けた袴《はかま》のことである。

58

おけひさく御消息

おけ《桶》三《みつ》、
ひさく《柄杓》二《ふたつ》、
をしき《折敷》
四十枚
かしこまり《畏》
給《たび》候《そうらい》了《おわんぬ》。
恐々謹言
卯月《うづき》六日
日蓮　（花押）

ひさご→ひさく

御返事

【述作年代】花押の書体から見て、弘安年間と推定した。
【解説】〈『真蹟集成』になし〉〈昭定四四二〉
昭定の「ひさご」の「ご」は「く」の誤りである。「ひさく」が転じて「ひしゃく」（柄杓）のことを意味する。したがって、題号は「おけひさく」とすべきである。桶と、水などを汲み取る柄杓と、食器などを載せるお盆としての折敷のご供養に対する御礼の書である。

59

安徳天皇《あんとくてんのう》の事（断簡三七）

すこ以下　かなルビは他筆

守護《すこ》の御ちかいあり。しかるにいかなれば百王までは守奉《まほりたてまつら》はずして、人王八十一代の安徳《あんとく》天皇は、源《くゑん》右《う》将《しやう》軍《くん》にせめられて西海《さいかい》には沈《しつみ》給しぞ

【述作年代】文字から、弘安年間（一二七八―八二年）と推定。

【解説】〈真4―299〉〈昭定　断簡三七〉かなルビは他筆。

平清盛《きよもり》の孫に当たる安徳天皇は、源右将軍（源頼朝《よりとも》）に攻められて、元暦《げんりやく》二年（一一八五年）に壇《だん》ノ浦《うら》（山口県）で海に沈んだという内容である。短い四行断簡だが、

「百王思想」が記されていることは興味深い。平安時代は百を永続する意味で解釈していたが、鎌倉時代、特に承久《じょうきゅう》の乱（一二二一年）以後は、天皇は百代で終わるという考え方が現れる。

本書では、朝廷の守護神（天照大神）が百代の天皇までは守るはずなのに、八十一代の安徳を守れなかったことに疑いを投げかけている。「百王思想」は後の室町時代、日本史上最大の権力者と言われる足利義満《あしかがよしみつ》が、さかんに百一代目の後小松天皇（現在の数え方では百代目）以後は皇室が衰退することを喧伝《けんでん》していたことで有名である。

安徳天皇についても言及しておきたい。日蓮が天皇のことを表記する場合、○○天皇というより、○○院という場合のほうが多い。そのなかで「安徳天皇」という表記は例外なのである。

日蓮が生誕する以前、院政（天皇が上皇《じょうこう》になって権力を振るう政治形態）を敷いたのは後白河《ごしらかわ》上皇であり、後鳥羽《ごとば》上皇であった。これを「後白河院」「後鳥羽院」というが、院号で記されているから院政を敷いた上皇のことだと考えるのはまちがっている。たしかに日蓮は「後白河院」「後鳥羽院」とは記すが、「後白河天皇」「後鳥羽天皇」という表記は一切ない。ただ例外として、八十一代の安徳は「安徳天皇」と記されている。安徳天皇は、平家滅亡の時、壇ノ浦で海の中に沈み死んでいくが、即位式も大嘗祭《だいじょうさい》も経ていなかったので、死後、院号がつかないまま天皇号のままで呼ばれたのである。

「○○天皇」という漢風諡号《しごう》は六十二代村上天皇までで、それ以後江戸後期の後《ご》桃園《ももぞの》までは追号《ついごう》として「○○院」と称されている。日蓮系の文書で一例を挙げれば、身延三世・日進の「日本仏法弘通次第之事」に「第六十二村上天皇　第六十三冷泉《れいぜい》院」(『日蓮宗宗学全書』一巻三三八頁)と区別して表記している。

日蓮の「○○天皇」という表記は「村上天皇」(「八幡宮造営事」昭定一八六七頁・御書一一〇五頁)が最後で、それ以降の天皇では「安徳天皇」以外はみな○○院である。すなわち、院と記されていてもそれは天皇のことであり、院政を担《にな》った上皇ではない。これは日蓮にかぎらず、この時代の文書に一貫していることなのである。

60

仏眼《ぶつげん》の事（断簡七三）

天眼《てんげん》・慧眼《えげん》・法眼《ほうげん》なれども肉眼《にくげん》のごとし。法華経の行者《ぎょうじゃ》は肉眼なれども、天眼・慧眼・法眼・仏《ぶっ》眼《げん》を備《そなう》とと説かれて候。

【述作年代】文字からは、弘安期と推定。
【解説】〈真9—194〉〈昭定　断簡七三〉
宛先は不明。五眼については建治二年とされる「四条金吾釈迦仏供養事」に「一には肉眼・二には天眼・三には慧《え》眼・四には法眼・五には仏眼なり、此の五眼をば法華経を持《たも》つ者は自然に相具《あいぐ》し候」（昭定一一八二頁・御書一一四四頁）とあり、内容的にも通じるものがある。

61

くぼの尼御前《あまごぜん》御返事　（断簡一六七）

くぼの尼ごぜん　　日蓮　　　　　　　この一行　上封

ひさや《焼》いごめ《米》・きび《黍》や《焼》
いごめ《米》・あわ《粟》のこめ《米》・
はじかみ《生薑》・えだまめ《枝豆》・
ね《根》いも《芋》等のしな《品》じな《々》の物

【述作年代】文字から、弘安期と推定。
【解説】〈真5―125〉〈昭定　断簡一六七〉

ほとんど平仮名で書かれた手紙で、漢字は三十六字中わずかに二文字だけである。くぼの尼御前への賜書《ししょ》は多く残っているが、平仮名使用率が高いことで一貫している。これは日蓮の門下一人一人に対する配慮の深さをうかがわせるものである。

窪尼は身延から比較的近いこともあり、遠くからでは運べない野菜や米をいろいろと種類を取り揃えてご供養していることが伝わってくる。

なお、くぼの尼（窪尼）は、現在の静岡県富士宮市大久保に住んでいた女性信徒で、高橋入道後家尼とも持妙尼とも妙心尼とも呼ばれていた。

62 稲《いな》河《かわ》入《にゅう》道《どう》夫《ふ》妻《さい》御返事（断簡二六六）

女房《にょうぼう》よくよく御《ご》らむあるべし。〈し→べし【注】参照〉

恐々謹言

三月廿一日　日蓮（花押）

稲河《いなかわ》入道《にゅうどう》殿　御返事

女房御返事

【述作年代】文字と花押から、弘安年間（一二七八―八二年）と推定。

【解説】〈真5―206〉〈昭定　断簡二六六〉

稲河入道はここだけに見られる。末文に「女房よくよく御らむあるべし」といい、宛先として「女房御返事」とあり、夫婦を連記していることから、稲河入道夫妻への書である。

【注】へし→べし

これは濁点を付けて「べし」とするのがよいが、実際は真筆では「へし」になっている。古文書等で濁点がつくようになるのは江戸時代以降で、鎌倉時代に記されることはなかったのである。したがって、現存する膨大な真筆の平仮名には一カ所も濁点は付いていない。

有名な「土佐日記」（作者の紀貫之《きのつらゆき》の自筆本はない）には写本として藤原定家本が現存するが、その冒頭は「をとこもすなる日記といふものををむなもしてみん」と記されている。従来これを「おんな（女）もしてみん」と読んでいたが、「おんなもじ（女文字）でみん」と読むべきとの新説が出ている。女文字とは平仮名のことを指す（おとこもじは漢字を指す）。これも濁点がないために解読がゆれる例である。

日蓮の真筆も、濁点の有無を考慮しながら読む必要がある。さらに言えば、当時の文書には句点（、）も読点（◦）も表記されていない。文字が読めれば、解読文は簡単に作成できるというわけではないのである。

63

阿仏房《あぶつぼう》の事（断簡二二二）

「方便《ほうべん》して涅槃《ねはん》を現《げん》ず。而《しか》も実《じつ》には滅度《めつど》せず」と
と《説》かれて、八月十五夜《じゅうごや》の満月の
雲にかく《隠》れてをはするがごとく、
いまだ滅し給はず候なれば、
人こそ雲にへだて《隔》られて
み《見》まいらせず候とも、月は仏《ぶつ》
眼《げん》・仏耳《ぶつに》をもつてきこ《聞》し
めし御ら□《ん》□《あ》□《る》らむ。其上《そのうえ》、
故《こ》阿仏房《あぶつぼう》は一心欲見仏《いっしんよっけんぶつ》の者

□□□↓をはす
なれ↓なれば
□□□↓にへだて

なり。あに臨終《りんじゅう》の時、釈迦仏を見まいらせ□□□□《候わざら》む。其上《そのうえ》

【述作年代】阿仏房死去の弘安二年（一二七九年）三月以降の消息。

【解説】〈真5―122〉〈昭定　断簡二二二〉「方便現涅槃而実不滅度」と「一心欲見仏」のみ漢文体。

阿仏房が死去するのは、弘安二年（一二七九年）三月二十一日、九十一歳である。宛先は妻の千日尼《せんにちあま》であろう。信心を全《まっと》うした阿仏房は、一心に仏を見んと欲する人であったから、どうして臨終の時に釈迦仏に会えないことがあろうかと述べられている。

64 かわいどの御返事

人にたまたまあ《会》わせ給《たまう》ならば、む《向》かいく《臭》さき事なりとも向せ給べし。え《笑》まれぬ事なりとも、え《笑》ませ給へ。かまへてかまへてこの御を《恩》んかほ《被》らせ給て、近《ちかく》は百日、と《遠》をくは三ね《年》ん、つ《恙》つがなくば、み《身》う《内》ちはし《静》づまり候べし。それより内になに事もあるならば、き《来》たらぬ果報《くわほう》なりけりと人のわ《笑》らわんは《恥》づ

かしさよ。かしこ
卯月《うづき》十九日
日蓮（花押）
かわいどの御返事

はずかしさはずかしさ↓はづかしさよ

【述作年代】花押から、弘安三年（一二八〇年）。

【解説】〈真5―144〉〈昭定四四一〉「果報《くわほう》」の一カ所だけ、かなルビあり。

いやな相手にたまたま会った時でも、いやがらずに笑顔で接していくことで、人間関係は和らぐことを教示している点で、興味深い内容である。。河合殿の親族には信心反対の者が多かったのであろう。

信仰に関する表現は見られないが、おそらく、悪いことが起こって信心に反対の人たちから笑われるようなら、かえって信心に傷をつけることになるので、これ以上の恥ずかしさはないと結ばれている。

65

東ひやう衛尉殿《えのじょうどの》御返事（断簡二三〇）

御志《おんこころ》ざし
かう《幸》じん《甚》かうじん。
恐々謹言
五月廿二日
日蓮（花押）
東ひやう《兵》□《衛》□《尉》□《殿》
御返事

恐々→恐々謹言

【述作年代】花押から、弘安三年（一二八〇年）と推定。

【解説】〈真5―128〉〈昭定　断簡二三〇〉縦十五センチメートルほどであるので、通常の紙の半分より小さい。

宛名は仮に「東ひやう衛尉殿」としたが、あるいは「東ひやうゑのとのの」と読むものもある。真筆に多く見られる「衛」と比較すると、この書の「衛」は明らかに字体が違うし、「ゑ」でもない。真筆では兵衛を「ひやうへ」と書き、「ひやうゑ」とする箇所はない。

他に読み方がある可能性が高いが、難読文字として未解決なままである。

一往、「兵衛尉《ひょうえのじょう》」という官職をもつ一人前の武士である檀越《だんおつ》がいて、供養に対する御返事をもらったことが記された書であるとしておきたい。

66

大学三郎御書《だいがくさぶろう》

十九
いのり《祈》なんどの仰《おおせ》かうほる《蒙》べしとをぼへ《覚》候《そうら》はざりつるに、をほせ《仰》た《給》びて候事のかたじけ《忝》なさ。かつはしなり、かつは弟子なり、かつはだんな《檀那》なり。御ためにはくび《頸》もき《斬》られ、遠流《おんる》にもなり候へ。か《代》わる事ならば、いかでかかわら《代》ざるべき。されども此事は叶《かなう》まじきにて候ぞ。

しなり　はし《師》なりか

大がく《学》と申《もうす》人は、ふつうの人ににず《似》、日蓮が御かんき《勘気》の時、身をすてて《捨》かたうど《方人》して候《そうらい》し人なり。此一代《いちだい》は城殿《じょうどの》の御計《おんはからい》なり。城殿と大がく《学》殿は知音《ちいん》にてをはし候。其故《そのゆえ》は大がく《学》殿は坂東《ばんどう》第一の御《おん》て《手》か《書》き、城介殿《じょうすけどの》は御て《手》をこの《好》まる人也。

仰↓一代

【述作年代】文字と「城介」（安達泰盛《あだちやすもり》）が幕府を動かしているとの内容から、弘安三年（一二八〇年）か四年（一二八一年）と推定した。

【解説】〈真4—333〉〈昭定三二二〉

「十九」の丁付《ちょうづけ》があるように長文の消息である。「大がく殿」（大学三郎）は、竜の口の法難の時、身を挺《てい》して日蓮の側に立ち、本文にもあるように、自分が日蓮に代わって「くびもきられ遠流にもなり候へ」というほどの熱誠《ねっせい》の門下であった。

幕府においても有能な文官として、御家人の代表的存在であった安達泰盛に重用されていたことがうかがい知れる。日蓮は四条金吾のために主君江馬《えま》氏への「頼基《よりもと》陳状《ちんじょう》」の草案を書き、それを大学三郎にも推敲《すいこう》してもらうよう指示をしている（昭定一三六三頁・御書一一六四頁）。

なお、解読の上からは、第十九紙の「此一代」は昭定では「此仰」としているが、誤読である。

67 富城入道殿《ときにゅうどうどの》御返事

（一紙）鵞目一結《がもくひとゆい》
給候了《たびそうらいおわんぬ》。
御志《おんこころざし》は挙《あ》げて
法華経に申候了《もうしそうらいおわんぬ》。
定《さだ》んで十羅刹《じゅうらせつ》、御身《おんみ》を守
護せんこと疑い無く候か。
（二紙）さては尼御前《あまごぜん》の
御事《おんこと》、をぼつか
なく候由《よし》、申伝《もうしつたえ》

乃↓の

させ給候《たまいそうら》へ。

恐々謹言

卯月《うづき》十日　日蓮　（花押）

富城《ときにゅうどう》入道殿

御返事

【述作年代】富木尼《ときあま》の病気、花押等から、弘安三年（一二八〇年）あるいは弘安四年（一二八一年）と推定。

【解説】〈真3―164〉〈昭定三六四〉第一紙は漢文、第二紙は漢字仮名交じり文。

冒頭の「鵞目一結給候了　御志者挙」は大きな文字で書かれており、ご供養に対する日蓮の感謝の気持ちがよく表れている。特に冒頭の「鵞目一結」の四字は縦三十二・七センチメートルの紙に書かれているから、一文字の大きさは八センチメートル近くある。

日蓮の消息の書き方は、門下からのご供養への御礼から始まることが多いが、その志に対する感謝の気持ちを、大きな文字で書くことで表現しているのである。これは活字からではわからない、真筆を見て初めてわかる情報なのである。

第二紙では尼御前（富木常忍《じょうにん》の妻）の病に対して、深く心配していることを伝えてほしいとの旨《むね》が述べられている。

68

上野郷主等《うえののごうすら》御返事

昔の徳勝童子《とくしょうどうじ》は、土のもちゐ《餅》を仏にまいらせて一閻浮提《いちえんぶだい》の主となる。今の檀那《だんな》等は、二十枚の金《こがね》のもちゐを法華経の御前《ごぜん》にささげたり。後生《ごしょう》の仏は疑なし。なむぞ今生《こんじょう》にそのしる《験》

まいらせ【注】参照

しなからむ。恐々謹言

正月十一日

日蓮（花押）

上の《野》のがう《郷》す《主》等のとの《殿》ばら《原》

恐々→恐々謹言

【述作年代】文体と花押から、弘安四年（一二八一年）と推定。

【解説】〈『真蹟集成』になし〉〈昭定三二六〉　これは真筆の文字をそのまま板に彫った模刻の形で現存しているものである。

上野郷主等の殿原とは、上野郷を支配する領主等の武士たちとの意。おそらく南条時光《なんじょうときみつ》とその家人《けにん》たちのことであろう。仏教説話として徳勝童子が仏に土の餅を供養した話は、南条書では「上野殿御返事」（昭定一四五〇頁・御書一五四四頁）にもあり、より詳しい記述になっている。

【注】「まいらせ」について

本書では「まいせ」とあり「ら」は書かれていない。真筆では「まいせ」が七十四カ所、「まい《ら》せ」が二十一カ所、「まいらせ」が七カ所ある。一番多いのは「まいせ」だが、日蓮の意識の中では「まいらせ」であり、「ら」に当たる部分を極端にくずしたり、省略したりしたために、結果として三通りの書き方になったと考えられる。したがって、解読の上では「まいらせ」で統一しても問題はないと思う。

69

大風《たいふう》御書

御そらう《所労》いかん。又去文《いぬるぶん》
永《えい》十一年四月十二日の大風《たいふう》と此《この》
四月廿八日のよ《夜》の大風と勝劣
いかん。
いかんが聞《きき》候と
いそぎ申《もうさ》せ給《たまい》
候《そうら》へ

二十八→廿八

以下三行　紙上部の天に記す

【述作年代】文体と内容（大風）から、弘安四年（一二八一年）と推定。

【解説】第一紙は〈真5—205〉〈昭定四〇四〉

文永十一年四月十二日の大風については、「報恩抄」（昭定一二二九頁・御書三一七頁）で阿弥陀堂法印の祈雨の結果、かえって大風が吹いたことを記している。また、「八幡宮造営事」（昭定一八六九頁・御書一一〇七頁）には、文永十一年の大風と弘安四年四月二十八日の大風の両方に言及している。与えられた人は不明だが、おそらく鎌倉での大風の様子を聞いているので、鎌倉在住の檀越《だんおつ》の一人であろう。

70

老病御書《ろうびょうごしょ》

追申《おってもうす》

老病《ろうびょう》の上、不食《ふじき》気《け》いまだ心よからざるゆへに、法門なんどもかき《書》つけ《付》て申《もうさ》ずして、さてはて《果》ん事なげき《歎》入て候。又三島の左衛門次郎がもとにて、

以下　袖・天に散らし書きに記す

法門伝《つたえ》候けるが、始中《しちゅう》
終《じゅう》かき《書》つけ《付》て
給候《たびそうら》はん。
其《それ》ならず、いづくにても候へ。
法門をみ候へば　見↓み
心のなぐさ《慰》み候ぞ。

【述作年代】文字から、弘安四年（一二八一年）と推定した。

【解説】〈真5—41〉〈昭定四一七〉

本文が伝わらず、追申のみの内容である。「老病の上、不食気」とあり、食欲がなく体調が思わしくないなかで書かれたことがうかがえる。千葉の中山《なかやま》法華経寺蔵でありながら、駿河《するが》・三島の左衛門次郎（父が左衛門尉でその次男）という檀越《だんおつ》の名前が挙がっている。

字の書き様は、一枚の紙全体を使っての「散らし書き」になっている。したがって、「法門」以下は実際には十六行にわたって書かれている。

【参考】紙の各部の名称

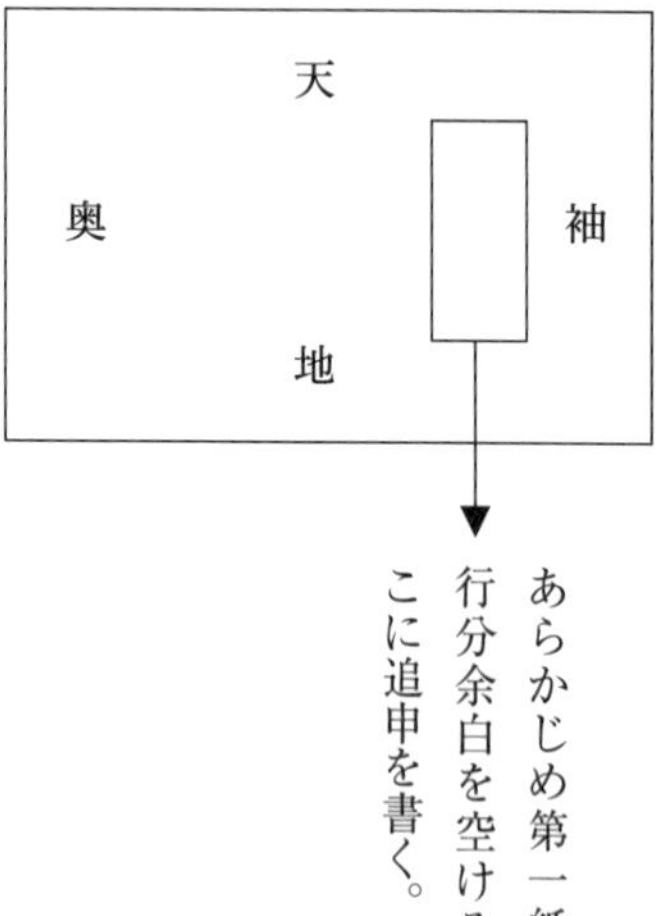
あらかじめ第一紙は数行分余白を空ける。ここに追申を書く。

真筆で使用される紙（料紙《りょうし》という）は、楮《こうぞ》の樹皮繊維を原料として漉《す》いた楮紙《こうぞがみ》である。消息などに用いられた紙の大きさは、標準的なもので縦が約三十センチメートル、横が約四十五センチメートルほどである。

71 御所《ごしょ》御返事

清酒《せいす》一、
へい《瓶》じ《子》、
かしこ《畏》まで
給了《たびおわんぬ》。これ
ほどのよき
さけ《酒》、今年は
み《見》ず候。へい《瓶》
じ《子》しはら
（途中切れ・貼り付け）

へいし→へいじ

給候了→給了

へいし→へいじ

き候はん。れう《料》にとどめて候。

恐々謹言

七月廿七日

日蓮（花押）

御所御返事《ごしょごへんじ》

れ候→き候

恐々→恐々謹言

【述作年代】日蓮の蓮のしんにゅうがV字形になるのは、最晩年の弘安四年か五年（一二八一―二年）となる。弘安五年は逝去の年なので、弘安四年と考えた。

【解説】〈真5―145〉〈昭定四四三〉

お酒（清酒）と徳利《とっくり》（瓶子《へいじ》）の供養に対する御礼の書。宛名の「御所」は弘安年間の「大豆御書」（昭定一八〇九頁・御書一二一〇頁）と「初穂御書」（昭定一五九二頁・御書一五九九頁）にも見られる。おそらく身延の波木井《はきい》一族の武士への書と思われる。御所が将軍御所のことであれば、そこに仕《つか》えていた武士なのかもしれない。

72

春《はる》はさくらの事（断簡二二六）

□なやいごめ《焼米》ひとをけ《桶》、蓮花《れんげ》三本給《たび》候《そうらい》了《おわんぬ》。はちす《蓮》と中は蓮花なり。天上に花あり、まんだら《曼陀羅》花等云云《うんぬん》。大地の上にも種々の花あり。春はさくら《桜》、秋はきく《菊》、夏はぼうたん《牡丹》、冬は

袋→をけ

【述作年代】文字の書き様から、弘安四年（一二八一年）と推定。

【解説】〈真5—132〉〈昭定　断簡二二六〉

宛先は不明。四季の代表的な花を挙げている。「春は桜、秋は菊、夏は牡丹」とあり、四季それぞれを代表する花の名が記されている。断簡のため、冬が不明なのは惜しまれる。「冬は梅」と書いたのだろうか。

73

内記左近入道殿《ないきさこんにゅうどうどの》御返事

（第一紙は「内記左近入道殿御返事」昭定四二五・御書「来臨曇華御書」一三〇〇頁）

（一紙）追申《ついしん》

御器《ごき》の事は越後公御房《えちごこうごぼう》申《もうし》候《そうろう》べし。

御心ざしのふか《深》き由《よし》、内房《うつぶさ》へ申《もうさ》せ給候《たまいそうら》へ。

以上　追申

春の始《はじめ》の御悦《およろこび》、自《じ》他《た》申籠《もうしこめ》候《そうらい》了《おわんぬ》。

抑《そもそも》去年《こぞ》の来臨《らいりん》は曇華《どんげ》の如《ごと》し。将《はた》

又夢《またゆめ》か、幻《まぼろし》か、
疑《うたがい》いまだ晴《はれ》ず候
処《ところ》に

(二紙) 今年の始、深山《しんざん》の
栖《すみか》雪中《せっちゅう》の室《しつ》え、
経於多国御使《たこくをへてのおんつかい》
山路《やまじ》をふみわけら
れて候にこそ去年《こぞ》の
事はまことなりけ
るや、まことなりけるやとをどろ《驚》
き覚《おぼ》へ候へ。他行《たぎょう》
の子細《しさい》越後公御房
の御ふみに申候か。

お↓を

（三紙）恐々謹言

正月十四日

日蓮（花押）

内記左近入道殿《ないきさこん》

御返事

【述作年代】弘安五年正月十四日。日蓮の蓮のしんにゅうがV字形になるのは、弘安四年・五年（一二八一—二年）となる。助詞を小さく右側に書くのも、晩年の特徴である。

【解説】第一紙は〈真1—236〉〈昭定四二五〉で『御書全集』に所収、一三〇〇頁の「来臨曇華御書《らいりんどんげ》」である。これに第二紙〈真1—237〉・第三紙〈真1—238〉（いずれも〈昭定四二五〉）が続いている。これにより、与えられた門下が内記左近入道であることがわかる。

「春の始」は旧暦では正月になる。前年の暮れに久しぶりに内記左近からの使いが来たことに、大変喜ばれている様子がうかがえる。「多国を経」（第二紙）とあるから、身延からかなり離れたところにいた檀越《だんおつ》と考えられる。

左近は左近衛府《さこんえふ》の将監《しょうげん》のことか、もしそうなら左衛門府《さえもんふ》の尉《じょう》すなわち左衛門尉と同格の官職をもつ武士である。文中、「越後公」と「内房」が記されているが、人間関係は不明。「越後公」は55「越後公御房御返事」を与えられている。内房は「内房女房御返事」（昭定三七六・御書一四二〇頁）を与えられた内房の女房のことか。

74

伯耆公御房《ほうきこうごぼう》御消息

御布施《おふせ》に御馬一疋《いっぴき》鹿毛《かげ》御見参《げんざん》に入《い》らしめ《令》
候了《そうらいおわんぬ》。
兼又此《かねてまたこの》経文は廿八字、
法華経の七巻薬王品《やくおうほん》の文にて
候。然《しかる》に
聖人《しょうにん》の御乳母《おんめのと》のひととせ御所労《ごしょろう》
御大事にならせ給い候て、やがて死
せ給いて候し時、此経文をあそばし
候て、浄水をもつてまいらせさせ給い

て候しかば、時をかへずいきかへらせ
給いて候経文也。なんでう《南条》の七郎次郎
時光は身はちいさきものなれども、
日蓮に御こゝろざしふかきもの也。
たとい定業《じょうごう》なりとも今度《こんど》ばかり
えんまわう《閻魔王》たすけさせ給へと御せいぐわん《誓願》
候。明日寅《とら》・卯《う》・辰《たつ》の刻《こく》にしやうじがは《精進河》の
水とりよせさせ給い候て、このきやうもん《経文》を
はい《灰》にやきて、水一合に入まいらせ候て
まいらせさせ給べく候。恐々謹言

(弘安五年)

二月廿五日　　日朗　(花押)

謹上　はわき公御房

弘安五年は他筆

【述作年代】弘安五年。この手紙を受け取った日興が「弘安五年」と書き入れている。

【解説】日朗代筆（写真は、宮崎英修『日蓮とその弟子』八〇頁 一九七一年 毎日新聞社に掲載）〈昭定四二八〉

南条時光《なんじょうときみつ》が病にかかり、南条邸に行っている日興のもとへ日蓮から手紙が届いた。これは六老僧の日朗《にちろう》の字で書かれており、日朗が代筆したものである。日蓮の指示により、護符《ごふ》を飲むように述べていることは興味深い。

「御馬一疋」のことは、弘安五年九月述作の「波木井《はきい》殿御報」（昭定一九二四頁・御書なし 日興代筆）に「くりかげの御馬」とあり、これと同じ馬のことが書かれている。

母の寿命を延ばしたことは、「可延定業書《かえんじょうごうしょ》」に「されば日蓮悲母《はは》をいのりて候《そうらい》しかば現身に病をいやすのみならず四箇年の寿命をのべたり」（昭定八六二頁・御書九八五頁）と書かれている。

なお、薬王品《やくおうほん》の二十八字とは「此経則為。閻浮提人。病之良薬。若人有病。得聞是経。病即消滅。不老不死」であり、弘安元年述作の「太田左衛門尉御返事」に「此《こ》の経は則《すなわ》ちこれ閻浮提《えんぶだい》の人の病の良薬なり若《も》し人病有らんに是《こ》の経を聞くことを得《え》ば病即消滅して不老不死ならん」（昭定一四九六頁・御書一〇一五頁 原文は漢文）と二十八字を挙げている。

図録

1

戒《かい》の事

（一紙）十月卅日十一月卅日十二月
之上十二日已上七十二日　冬

水

黒竜《コクリフ》
鹹味《シヤハヤキ》アチハイ　志《シ》
黒色コクシキ　耳根《ニコム》
北キタ　腎臓《シムノサフ》
水スイ　黒雲《コクウム》

（貼り合わせ）

不殺生戒《ふせっしょうかい》
モノヲコ六サヽル
カイ

甲乙《カフヲツ》
寅卯《トラウ》
小陽《セフヤウ》スコシアタヽカニ
スコシアカシ
宝幢仏《ホフトフフツ》
歳《セイ》星《シヤウ》
仁《じん》

（二紙）四月卅日五月卅日六月
之上十二日巳上七十二日　夏

赤竜 アカキ
リウ
苦味 ニカキ
アチハイ
赤色 アカキ
イ六
南 ミナミ

神《シム》
舌根《セッコム》
心臓《シムノサフ》

火

カウ→カフ

ホウ→ホフ

フヲムシユカイ　火　クワ　ヒ　赤雲《シヤクウム》《アカキクモ》

――（貼り合わせ）――――――――――――

不偸盗戒

フチフタフカイ

庚辛《カフシム》

申酉《サルトリ》

小陰《セフヤウ》　スコシクラシ　スコシツメタシ

阿弥陀如来

太白星《タイハクシヤウ》

義《ぎ》

セフヤウはセフイムか

【述作年代】建長年間（一二四九—五六年）か。

【解説】〈真4—40〉〈昭定　図二〉片仮名ルビは真筆の文字で、そのまま表記した（平仮名ルビは編者）。

五戒を五行（木火土金水）・色・方角・諸星・五味（甘酸鹹苦辛）・五根（眼耳鼻舌身）・季節・五色の竜（青黄赤白黒）・五臓（心肝脾肺腎）・五常（仁義礼智信）などに配列している。参考として「五行御書（五行事）」（昭定　図録三五・御書六九三頁）がある。五行とは、陰陽道《おんみょうどう》が立てる万物組成の元素である木・火・土・金・水をいい、それぞれに陰と陽があり、これにより十干《じっかん》（甲乙丙丁戊己庚辛壬癸）が成り立っている。本書では、五行より五戒を中心に立てて配列を試みている。五戒と五行の関係は、不殺生戒《ふせっしょうかい》—木、不飲酒戒《ふおんじゅかい》—火、不妄語戒《ふもうごかい》—土、不偸盗戒《ふちゅうとうかい》—金、不邪淫戒《ふじゃいんかい》—水となる。ただし、本書は二紙とも貼り合わせており、土の部分は残ってない。他の四つも部分的になっている。五つのうち「不殺生戒」「不飲酒戒」「不偸盗戒」の三つの戒について、それぞれ半分程度の配列しか残っていない。

本書からは、日蓮が陰陽道についても深い関心をもっていたこと、また当時、陰陽道が仏教教義との関連の上から、知識人階層に影響力をもっていたことがうかがわれる。

2

五十二位図

外凡《げぼん》

三蔵教《さんぞうきょう》

- 三賢《さんけん》—種《しゅ》　順解脱分位《じゅんげだつぶんい》
- 四善根《しぜんこん》—熟《じゅく》　順決択分位《じゅんけったくぶんい》
- 七聖《しちしょう》—脱《だつ》　見思断位《けんじだんい》
  - 見道《けんどう》　決択分位《けったくぶんい》
  - 修道《しゅうどう》
  - 無学道《むがくどう》
    - （修道・無学道）—解脱分位《げだつぶんい》

爾前《にぜん》

種《しゅ》　乾慧地《かんえち》—外凡《げぼん》　三賢《さんけん》

通教十地《つうきょうじっち》

熟《じゅく》　性地《しょうち》—内凡《ないぼん》　四善根《しぜんこん》

迹門《しゃくもん》

別教五十二位《べっきょうごじゅうにい》

八人地《はちにんち》の第十地《だいじっち》 ― 解脱《げだつ》

- 種《しゅ》
  - 十信《じっしん》　外凡《げぼん》
- 熟《じゅく》
  - 十住《じゅうじゅう》　初住《しょじゅう》より第七住に至《いた》る。見思断《けんじだん》　八九十に上品《じょうほん》の塵沙《じんしゃ》を断ず
  - 十行《じゅうぎょう》　中品《ちゅうほん》の塵沙を断ず
  - 十廻向《じゅうえこう》　下品《げぼん》の塵沙を断ず
- 脱《だつ》
  - 十地《じっち》
  - 等《とう》
  - 妙《みょう》
  - 十二品の無明《むみょう》を断ず

名字《みょうじ》—外凡《げぼん》—種《しゅ》
観行《かんぎょう》

十信《じっしん》—内凡《ないぼん》

円教

十住《じゅうじゅう》
十行《じゅうぎょう》
十廻向《じゅうえこう》—脱《だつ》
十地《じっち》
等《とう》
妙《みょう》—不説《ふぜつ》

華厳《けごん》に果分《かぶん》を説かざるは、唯一仏乗《ただいちぶつじょう》のみを名《なづ》けて果分《かぶん》と為《な》す

法華経《ほけきょう》
妙覚位《みょうかくい》—説《せつ》
当分《とうぶん》
跨節《かせつ》

【述作年代】文字から、文永年間（一二六四—七五年）と推定。

【解説】〈真5—84〉〈昭定　図三三〉

おそらく弟子たちへの講義の教材として書かれた一部であろう。

五十二位は、菩薩瓔珞本業経《ぼさつようらくほんぎょう》に説かれる大乗の菩薩の修行の位で、十信・十住・十行・十回向・十地の五十位と等覚・妙覚の二位のことをいう。特に最後に、爾前《にぜん》の円教では本当の妙覚の位（成仏）は説かれない（不説）としながら、説いているように見えるのは、当分（一往の立場）であり、法華経では明確に妙覚位が説かれるとし、これは跨節《かせつ》（一重深く立ち入って見る）であるとしている。

なお、関連して「一代聖教大意」に次の一節がある。「此の経には二妙あり。釈に云《いわ》く、此の経は唯二妙を論ず。一には相待妙《そうだいみょう》・二には絶待妙《ぜつだいみょう》なり。相待妙の意は前の四時の一代聖教に法華経を対して爾前と之《これ》を嫌い、爾前をば当分と言い、法華を跨節と申す」（昭定七三頁・御書四〇三頁）と。相待妙＝爾前＝当分、絶待妙＝法華＝跨節と、相待と絶待の二妙から当分、跨節を論じている。

3 一代勝劣諸師異解《いちだいしょうれつしょしいげ》の事

（一紙）一代勝劣諸師異解事《いちだいしょうれつしょしいげのこと》

この一行　他筆

一

第一　華厳《けごん》

第二　涅槃《ねはん》

第三　法華《ほっけ》

漢《かん》

魏《ぎ》

晋《しん》

宋《そう》

斉《せい》

梁《りょう》

之《これ》を除《のぞ》く

光宅等《こうたくとう》

五百余年

南北二百六十余人

第一　般若《はんにゃ》
三論宗《さんろんしゅう》

第一　法華《ほっけ》
第二　涅槃《ねはん》
第三　華厳《けごん》
陳《ちん》　天台智者《てんだいちしゃ》
陏《ずい》　国清寺《こくせいじ》

第一　深密経《じんみっきょう》
第二　華厳《けごん》　法華《ほっけ》　涅槃《ねはん》
唐太宗《とうのたいそう》
玄奘《げんじょう》
法相《ほっそう》
慈恩《じおん》

第一　華厳《けごん》
第二　法華《ほっけ》
第三　涅槃《ねはん》
唐《とう》
法蔵等《ほうぞうとう》
則天皇后御宇《そくてんこうごうのぎょう》

陏は隋のこと

第一　大日経《だいにちきょう》

第二　法華《ほっけ》涅槃《ねはん》　唐《とう》──玄宗御宇《げんそうのぎょう》

善無畏等《ぜんむいとう》

第三　華厳経《けごんきょう》

（二紙）二

第一　法華経《ほけきょう》──中堂《ちゅうどう》

第二　涅槃経《ねはんきょう》

第三　華厳《けごん》　大日経等

伝教大師《でんぎょうだいし》

日本

桓武等《かんむとう》

第一　大日経《だいにちきょう》

第二　華厳経《けごんきょう》

第三　法華経《ほけきょう》

日本

弘法《こうぼう》

嵯峨天皇御宇《さがてんのうのぎょう》

我は峨か

第一　大日経《だいにちきょう》

総持院《そういん》

第二　法華経《ほけきょう》

第三　諸経《しょきょう》

日本

慈覚《じかく》

仁明《にんみょう》

文徳《もんとく》

智証《ちしょう》大体之《だいたいこれ》に同じ

（三紙）三

次第劣也《しだいれつなり》

法華《ほっけ》第一

法華経第一本門《ほんもん》

法華経第二迹門《しゃくもん》

涅槃経《ねはんきょう》第二

是《こ》の諸《もろもろ》の大乗方等経典《だいじょうほうどうきょうてん》は、復《また》無量の功徳を成就《じょうじゅ》すと雖《いえど》も、是《こ》の経《きょう》に比《ひ》せんと欲《ほっ》するに喩《たとえ》を為《な》すことを得《え》ず。百倍・千倍・百千万億倍

乃至算数譬喩《ないしさんじゅひゆ》も及《およ》ぶこと能《あた》わざる所《ところ》なり。

億→億倍

無量義経《むりょうぎきょう》三　次に方等《ほうとう》十二部・摩訶般若《まかはんにゃ》・華厳海空《けごんかいくう》を説く　十二部は十二部経か

未《いま》だ真実《しんじつ》を顕《あらわ》さず

真実甚深《じんじん》なり

華厳《けごん》第四

般若《はんにゃ》第五

妙成就《みょうじょうじゅ》也

蘇悉地経《そしっちきょう》第六

第一に云《いわ》く、三部の中に於《おい》て此《こ》の経《きょう》を王と為《な》すと

中巻

蘇悉地経《そしっちきょう》に云く、猶成《なおじょう》ぜざれば、或《あるい》は復《また》、大般若経《だいはんにゃきょう》

七返《しちへん》を転読《てんどく》すと。

大日経《だいにちきょう》第七

弘法大師《こうぼうだいし》は法華経は大日経に相対《そうたい》すれば

三重《さんじゅう》の劣《れつ》と云云《うんぬん》。

日蓮之《これ》を怨《うら》んで謂《おもえら》く七重の

劣か。将又《はたまた》経文有りや。

三國に未《いま》だ弘通《ぐつう》せざる法門也

【述作年代】慈覚《じかく》への批判は明確だが、智証《ちしょう》に対しては慈覚と同じという表現で留まっている。ここから「撰時抄」（慈覚批判・建治元年）の前後、「報恩抄」（智証批判・建治二年）以前の作と思われる。国名の「隋」が「隋」になっているが、これは建治元年六月の「撰時抄」からは「隋」が「随」となるので、建治元年の上半期と絞り込める。

【解説】〈真6―341〉〈昭定　図三四〉

真筆は中山法華経寺蔵で、第一紙右上に富木常忍《ときじょうにん》が「一代勝劣諸師異解事」と書き入れている。このような例としては、十大部の一つである「四信五品抄」の真筆第一紙右上に「末代法華行者位并用心書也」との富木常忍の書き入れがある。

本書では、光宅寺法雲《こうたくじほううん》・天台・慈恩《じおん》・玄奘《げんじょう》・法蔵《ほうぞう》・善無畏《ぜんむい》・伝教・弘法・慈覚などの人師における諸経勝劣の序列を図式化している。この中で天台と伝教は法華第一・涅槃第二・華厳第三であり、真言宗の弘法は大日第一・華厳第二・法華第三と配している。これに対し、比叡山第三代の座主《ざす》で、伝教の弟子である慈覚は、大日第一・法華第二・諸経第三で、第五代座主の智証については「智証大体之《これ》に同じ」としている。そして、日蓮の配列は法華第一・涅槃《ねはん》第二・無量義経第三・華厳《けごん》第四・般若《はんにゃ》第五・蘇悉地《そしっち》第六・大日《だいにち》第七とし、大日経は七重の劣と位置づけている。七重の劣については、建治三年（一二七七年）とされる「法華初心成仏抄」にも言及されている（昭定一四二三頁・御書五五一頁）。

日蓮は建治年間に徹底した密教破折を展開している。特に天台宗の真言化を問題視し、慈覚批判を記した建治元年の「撰時抄」と智証批判を記した同二年の「報恩抄」はその代表的な著述である。図式化された本書は、弘法の真言宗、慈覚・智証の密教化した天台宗（台密という）の諸経勝劣の考えを整理して、弟子たちにわかりやすく説明するための教材であったと考えられる。

なお、勝劣について日蓮は法華経をさらに分け、第一本門・第二迹門と区分し、本迹勝劣を明確にしていることも注目しておきたい。

4　一代五時鶏図《いちだいごじけいず》（本圀寺本）

（花押）

一代五時鶏図《いちだいごじけいず》

六十巻 八十巻 四十巻等

権大乗《ごんだいじょう》　三七日

華厳経《けごんきょう》

乳味《にゅうみ》

小乗経《しょうじょうきょう》　十二年

倶舎宗《くしゃしゅう》

華厳宗《けごんしゅう》

智厳《ちごん》　杜順《とじゅん》　法蔵《ほうぞう》　澄観《ちょうかん》

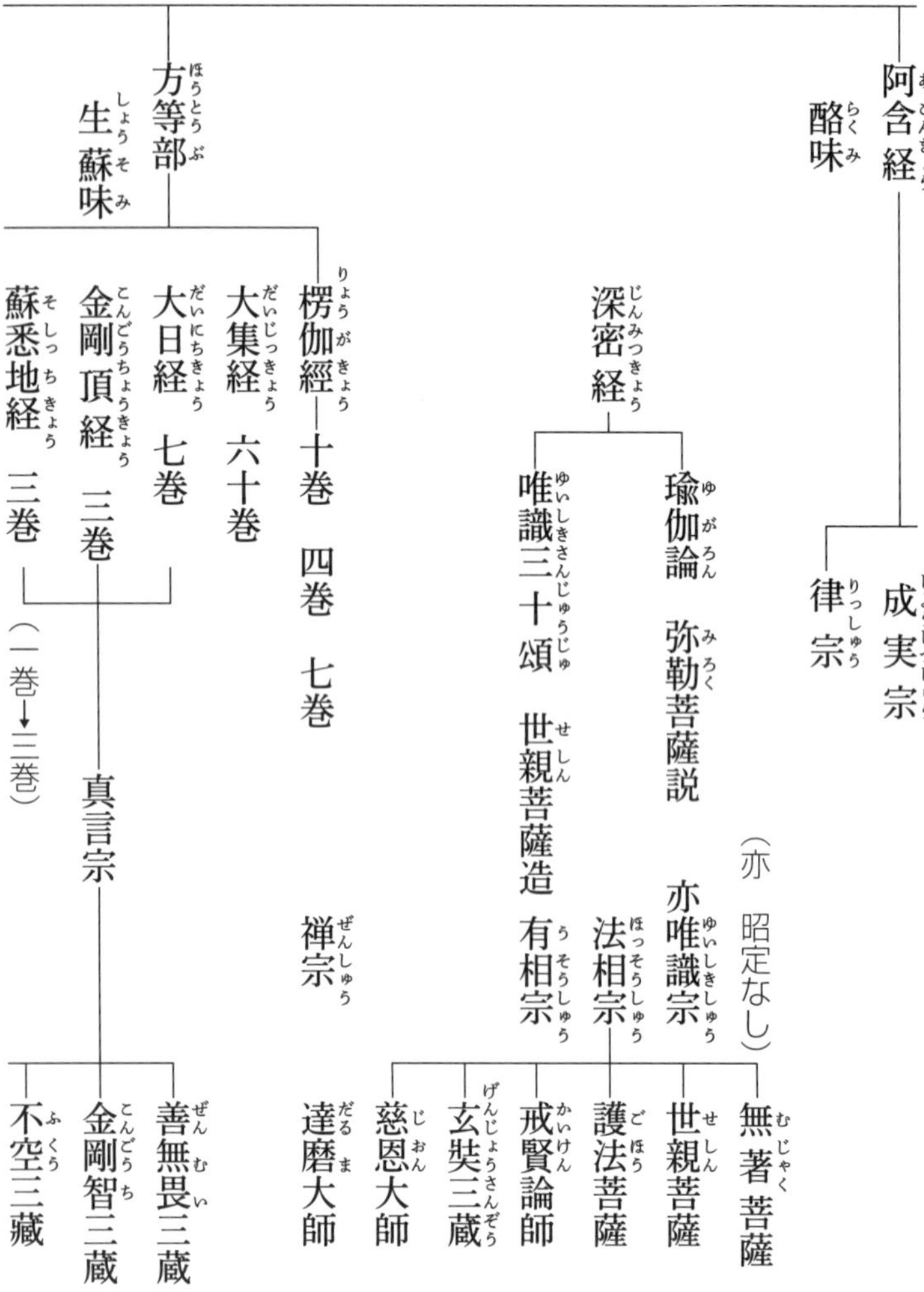
阿含経《あごんきょう》
酪味《らくみ》
成実宗《じょうじつしゅう》
律宗《りっしゅう》
深密経《じんみつきょう》
瑜伽論《ゆがろん》　弥勒《みろく》菩薩説
（亦　昭定なし）
亦唯識宗《ゆいしきしゅう》
唯識三十頌《ゆいしきさんじゅうじゅ》　世親《せしん》菩薩造
法相宗《ほっそうしゅう》
有相宗《うそうしゅう》
無著《むじゃく》菩薩
世親《せしん》菩薩
護法《ごほう》菩薩
戒賢《かいけん》論師
玄奘三蔵《げんじょうさんぞう》
慈恩《じおん》大師
方等部《ほうとうぶ》
生蘇味《しょうそみ》
楞伽經《りょうがきょう》　十巻　四巻　七巻
禅宗《ぜんしゅう》
達磨《だるま》大師
大集経《だいじっきょう》　六十巻
大日経《だいにちきょう》　七巻
金剛頂経《こんごうちょうきょう》　三巻
蘇悉地経《そしっちきょう》　三巻
（一巻→三巻）
真言宗
善無畏《ぜんむい》三蔵
金剛智《こんごうち》三蔵
不空《ふくう》三蔵

図録4　一代五時鶏図（本圀寺本）

三十年

四十巻

無量寿経《むりょうじゅきょう》

観無量寿経《かんむりょうじゅきょう》

阿弥陀経《あみだきょう》

（恵恵は恵果《けいか》か）

（順教→順暁）

恵恵和尚《わじょう》

弘法大師《こうぼう》

順暁《じゅんぎょう》

伝教《でんぎょう》大師

慈覚《じかく》大師

智証《ちしょう》大師

浄土宗《じょうどしゅう》

曇鸞法師《どんらんほっし》

道綽禅師《どうしゃくぜんじ》

善導和尚《ぜんどうおしょう》

亦云《またいわく》四論宗《しろんしゅう》

竜樹《りゅうじゅ》菩薩

般若《はんにゃ》
大品経《だいぼんきょう》
熟蘇味《じゅくそみ》

百論《ひゃくろん》　提婆《だいば》菩薩造
中論《ちゅうろん》　竜樹《りゅうじゅ》菩薩造
十二門論《じゅうにもんろん》　同
大智度論《だいちどろん》　同

三論宗《さんろんしゅう》
亦法性宗《ほっしょうしゅう》
無相宗《むそうしゅう》

提婆《だいば》菩薩
青弁《しょうべん》菩薩
羅什《らじゅう》三蔵
嘉祥寺《かじょうじ》
吉蔵《きちぞう》大師

無量義経《むりょうぎきょう》　一巻

方便力《ほうべんりき》を以《もっ》て四十余年未《いま》だ真実《しんじつ》を顕《あらわ》さず
無量無辺不可思議阿僧祇劫《むりょうむへんふかしぎあそうぎこう》を過《す》ぐるとも、終《つい》に無上菩提《むじょうぼだい》を成《じょう》ずることを得《え》ず
所以《ゆえん》は如何《いかん》。菩提《ぼだい》の大直道《だいじきどう》を知らざるが故に、険逕《けんきょう》を行くに留難《るなん》多きが故なり

大直道《だいじきどう》を行くに、留難《るなん》無きが故に

八箇年

法華経《ほけきょう》　八巻 ―― 法華宗《ほっけしゅう》

醍醐味《だいごみ》　　仏立宗《ぶつりゅうしゅう》

天台大師《てんだいだいし》

伝教大師《でんぎょうだいし》

仏《ほとけ》説きたまう所の法に於《お》いて、当《まさ》に大信力《だいしんりき》を生《しょう》ずべし

世尊《せそん》は法久《ほうひさ》しくして後《のち》、要《かなら》ず当《まさ》に真実を説きたまうべし

正直《しょうじき》に方便《ほうべん》を捨《す》てて、但《ただ》無上道《むじょうどう》のみを説く

今此《こ》の三界《さんがい》は、皆是《こ》れ我《わ》が有《う》なり。其《そ》の中の衆生《しゅじょう》は、悉《ことごと》く是れ吾《わ》が子なり。而《しか》るに今此《こ》の処《ところ》は、諸《もろもろ》の患難《げんなん》多し。唯《ただ》我が一人《いちにん》のみ能《よ》く救護《くご》を為《な》す。復《また》教詔《きょうしょう》すと雖《いえど》も信受《しんじゅ》せず

依《え》法《ほう》不《ふ》依《え》人《にん》
依《え》義《ぎ》不《ふ》依《え》語《ご》
依《え》智《ち》不《ふ》依《え》識《しき》
依《え》了《りょう》義《ぎ》経《きょう》不《ふ》依《え》不《ふ》了《りょう》義《ぎ》経《きょう》

同醍醐味《だいごみ》
大般涅槃経《だいはつねはんきょう》　四十巻或は三十六巻
一日一夜説

【述作年代】文字から、弘安年間初期（一二七八―九年）と推定。建治期から本格的に始まる天台密教批判の中で、智証を名指しして破折するのは建治二年の「報恩抄」からである。

【解説】〈真3―250〉〈昭定　図二五〉第一紙袖下（右下）に大きく花押を記している。あらかじめ紙をつなげて書いている。

本書は、京都・本圀寺《ほんこくじ》に所蔵されているので本圀寺本という。「一代五時図」「一代五時鶏図」は、真筆が残っているものだけでも六書ある。これは日蓮自らが題号を付けた自題号御書である。文応期から弘安期の長きにわたって書かれており、内容からは弟子たちに対する仏教史の講義のための教材という趣《おもむき》がある。本書はその

図録4　一代五時鶏図（本圀寺本）

中でも弘安期のものと推定される。
自題号の御書は、全部で十四書、十九点しかない。複数あるのは「一代五時図」「一代五時鶏図」と「立正安国論」だけである。

【参考】自題号御書（◎は真筆現存書、○は曾《かつ》て真筆があったが現在はないもの）

◎立正安国論（略本と広本）　○守護国家論
○開目抄　◎観心本尊抄　◎撰時抄
◎報恩抄　◎法華取要抄　○顕謗法抄
○顕仏未来記　◎一代五時図（二）　◎一代五時鶏図（四）
○祈禱抄　◎薬王品得意抄　◎三八教
合計　十四書十九点

奥書

1

授決円多羅義集唐決《じゅけつえんたらぎしゅうとうけつ》

授決円多羅義《じゅけつえんたらぎ》 集唐決《しゅうとうけつ》上

嘉禎《かてい》四年太才戊戌

十一月十四日

阿房国《あわのくに》東北御庄《おんしょう》清澄山《せいちょうざん》　道善房《どうぜんぼう》

東面《とうめん》執筆《しっぴつ》是聖房《ぜしょうぼう》生年十七才

【述作年代】書写年は嘉禎四年（一二三八年）と明記されている。

【解説】〈真5—299〉〈昭定　奥書一〉

歳→才

阿房は安房のこと

歳→才

「授決円多羅義集唐決」は、円珍《えんちん》に仮託《かたく》された天台密教の書である。日蓮が出家してまもない頃の修学の一端を知ることができる。

本書の奥書によって、通説であった出家十八歳説が否定されることになった。十七歳の時に是聖房《ぜしょうぼう》と名乗っているので、出家は十六歳か十七歳の時というのが有力になった。「十二・十六の年より三十二に至るまで二十余年が間、鎌倉・京・叡《えい》山《ざん》・園城《おんじょう》寺・高野《こうや》・天王寺等の国国・寺寺あらあら習い回り候し」(「妙法比丘尼御返事」昭定一五五三頁・御書一四〇七頁)との表現から、十二清澄入山・十六出家と解釈し、現在では十六歳出家が定説化しつつある。

また、「清澄山　道善房　東面」に関連して、「清澄寺大衆中」に立宗宣言した場所を「清澄寺道善の房持仏堂の南面」(昭定一一三四頁・御書八九四頁)と表記していることから、日蓮の清澄寺での活動拠点は、師・道善房の坊であったことがわかる。

なお、御書には円珍の「授決集」の引用は多く見られるが、「授決円多羅義集唐決」の引用はない。

2
五《ご》輪《りん》九《く》字《じ》明《みょう》秘《ひ》密《みつ》義《ぎ》釈《しゃく》

建長《けんちょう》三年十一月廿四日戌時《いぬのとき》了《おわんぬ》
五帖《ごじょう》之坊門《ぼうもん》富小路《とみのこうじ》　坊門ヨリハ南
富小路ヨリハ西。

五帖は五条か

【述作年代】書写年は建長三年（一二五一年）と明記されている。

【解説】〈真6―35〉〈昭定　奥書二〉書体が通常の真筆と大きく違っている。

畿内《きない》遊学中に新義真言宗の祖・覚鑁《かくばん》の著述を書写し、その最後に表記されたものである。こういう覚え書きを識語という。畿内遊学中の研鑽のあとが偲《しの》ばれる。

なお、「五条之坊門富小路　坊門ヨリハ南　富小路ヨリハ西」は、現在の四条通りと五条通りのほぼ真ん中を東西に走る仏光寺通りのやや南側、鴨川から西に五百メートルほどを南北に走る富小路のやや西側に当たるが、日蓮在世当時、そこに寺院らしきものがあった形跡は今はない。

〈著者略歴〉
小林正博（こばやし・まさひろ）
1951年、東京都生まれ。東洋哲学研究所主任研究員。創価大学非常勤講師。学習院大学法学部・立正大学仏教学部卒。立正大学大学院博士課程単位取得。博士（文学）。
主な著書に『日蓮の真実』『日本仏教の歩み』『日蓮大聖人の「御書」をよむ（上）』『図表で読む日蓮遺文』、解読・解説に『日蓮大聖人御傳記』などがある。

日蓮《にちれん》の真筆文書《しんぴつもんじょ》をよむ

2014年11月30日　初版第1刷発行
2015年 1 月16日　初版第2刷発行

著　者　小林正博《こばやしまさひろ》
発行者　大島光明
発行所　株式会社　第三文明社
東京都新宿区新宿1-23-5　〒160-0022
電話番号　編集代表　03（5269）7154
営業代表　03（5269）7145
振替口座　00150-3-117823
U R L　http://www.daisanbunmei.co.jp
印 刷 所　明和印刷株式会社
製 本 所　株式会社 星共社

ISBN 978-4-476-06226-7